KYNOS KLEINE HUNDEBIBLIOTHEK

BERNER SENNENHUND

Prof. Dr. Bernd Günter

INHALTSVERZEICHNIS

IMPRESSUM

Am Remelsbach 30
D - 54570 Mürlenbach / Eifel
Telefon 06594 - 653 Telefax 06594 - 452

ISBN-Nr. 3-924008-92-2

2. Auflage 1995

Gesamtherstellung:
Dr. Cantz'sche Druckerei, 73760 Ostfildern / Ruit

Dank für die freundliche Überlassung eines Fotos geht an:
Beat Knecht (S. 6/7)
s.e.t. (S. 9)
Naturhistorisches Museum Bern (S. 25)
Susan Clawson (S. 49)
Cheryl Sams (S. 67)
Robin Cozzolino (S. 120)
Zeichnung S. 38: Uwe Leitmeier

ZUM GELEIT

Ein Berner Sennenhund ist etwas ganz Besonderes. Wer einmal seine Bekanntschaft gemacht hat, wird sich der Faszination seiner natürlichen Schönheit und seines lieben Wesens kaum mehr entziehen können. Ich weiß, wovon ich rede. Schließlich hat schon seit zwanzig Jahren immer ein „Bäri" einen festen Platz in meiner Familie — und in meinem Herzen. Aus diesem Grunde freue ich mich auch über das vorliegende Buch. Es ist ein wertvoller Ratgeber für alle, die sich mit dem Gedanken tragen, eine Partnerschaft mit einem Berner Sennenhund einzugehen. Es ist gleichzeitig ein engagiertes Plädoyer für ein respektvolles und verantwortungsbewußtes Miteinander von Mensch und Hund. Und schließlich ist es auch eine Liebeserklärung an alle Berner Sennenhunde.

Carolin Reiber

AUTOR UND FOTOGRAF

Bernd Günter hat im Zusammenleben mit dem Berner Sennenhund vielfältige — auch züchterische — Erfahrung und umfangreiches Wissen gesammelt. Er beschäftigt sich seit langem intensiv mit der Situation der Rasse in vielen Ländern. Als Autor und Fotograf genießt er internationale Anerkennung. Seine Beiträge und Bilder zu Themen rund um den Hund erscheinen in kynologischen Publikationen des In- und Auslandes. In zahlreichen Büchern, Zeitschriften und Kalendern dokumentieren seine Fotos eindrucksvoll die Schönheit und das Wesen insbesondere des Berner Sennenhundes.

Kapitel Eins

EINFÜHRUNG

Steckbrief:
Ein Bild von einem Hund

Szenen aus dem Leben:
Ein Traum von einem Hund

Ein Traum entsteht nicht von allein

Ein ganz besonderer Hund —
für ganz besondere Menschen

Jeder Berner Sennenhund ist seines/r Menschen Traum.

Steckbrief: Ein Bild von einem Hund

Ein Hund. Nennen wir ihn Max. Ein Bild von einem Hund. Von imposanter Gestalt: Kräftig gebaut, kompakt, weder plump noch schwerfällig, harmonisch proportioniert. Alles an ihm scheint zu stimmen. Stämmige Beine mit festen, rundlichen Pfoten. Eine mächtige, breite, tiefe Brust. Ein fester, gerader, eher breiter Rücken, eine sanft gewölbte Kruppe, eine lange, buschige Rute, die im Stand nach unten hängt, im Lauf wie eine Verlängerung der Rückenlinie schwebt. Knapp 50 kg muskulöse, gebändigte Kraft, athletisch und anmutig getragen. 67 cm Schulterhöhe. Der Kopf auf kräftigem Hals stolz erhoben, mächtig, aber ohne jegliche Derbheit. Kurze, dreieckige Ohren, hängend, leicht befranst. Ein respektables Gebiß. Dunkelbraune Mandelaugen. Das Haar lang, leicht gewellt, glänzend. Die faszinierende Symmetrie der Farben: Schwarz, weiß, rotbraun. Die weiße Blesse verleiht dem Gesicht etwas Liebes, Freundliches. Die rotbraunen Tupfer über den Augen und auf den Wangen setzen heitere, lebendige Akzente; bei geöffnetem Fang entsteht der Eindruck eines Lächelns. Auch an den Beinen findet sich das Rot als verbindendes Element zwischen Schwarz und Weiß. Die weiße Brust, die auch bei Dunkelheit schon aus der Ferne leuchtet, gibt dem mächtigen Hund etwas Helles, Unbedrohliches. Die weißen Pfoten verleihen Anmut im Stand und Grazie im Lauf. Die weiße Schwanzspitze ist gewissermaßen der I-Punkt der farblichen Vollkommenheit. Die Schönheit des Körpers wird komplettiert durch majestätische Haltung, durch liebenswert-bedächtigen, kraftvoll-geschmeidigen Bewegungsablauf, durch würdevollen und lieben Ausdruck. Ein Bild von einem Hund also. Das Bild hat einen Namen: Berner Sennenhund.

Szenen aus dem Leben: Ein Traum von einem Hund

Daheim

Es ist sechs Uhr morgens. Max liegt schlafend auf seiner Kuscheldecke neben den Betten seiner Menschen. Ein Geräusch dringt von draußen herein. Schritte nähern sich dem Haus, machen Halt; etwas klappert; die Schritte kehren um, entfernen sich wieder: die Zeitungsfrau. Registriert, aber kein Grund, die Augen zu öffnen, geschweige denn, sonst irgendwie zu reagieren.

Später am Tag. Die Sonne scheint. Max liegt geruhsam im Garten, dicht beim Haus. Weiter weg bewegt er sich ohne seine Menschen nie; das Grundstück zu verlassen käme ihm nicht in den Sinn. Vorbeigehende Passanten würdigt er zwar eines aufmerksamen Blickes, aber keines Lautes. Auch das Ballspiel der Kinder auf der Wiese neben dem Haus stört ihn nicht. Auf einmal fällt der Ball in den Garten. Max hebt den Kopf. Eines der Kinder, ein Junge von vielleicht neun Jahren, kommt heran, sagt „Hallo, Max“, steigt über den Zaun, holt den Ball und klettert zurück. Er kennt sich aus. Max bleibt liegen, schaut dem Kind interessiert zu, rührt sich nicht. Der Junge darf das. Sein 18-jähriger Bruder dürfte das nicht.

Nach dem Essen. Max macht ein Mittagsschläfchen. Ein fremdes Auto hält vor dem Haus, ein Mann steigt aus und tritt ans Gartentor. Max schreckt hoch und bellt (das einzige Mal an diesem Tag), warnend, mit eindrucksvoller, dunkler Stimme. Als der Mann den Vorgarten betritt und die Stufen zur Haustür heraufkommt, springt Max unter furchterregendem Knurren und mit der geballten Wucht seines Gewichtes gegen die Scheibe. Er beruhigt sich jedoch sofort, als der Gast eingelassen und begrüßt wird. Während der ganzen Zeit des Besuches liegt Max — ganz unauffällige Aufmerksamkeit — zwischen seinen Menschen und dem Mann.

Am Ende eines langen, harten Arbeitstags zu Hause. Die Menschen spüren die Wirkung des Stresses. Die Nerven sind gespannt. Ein Wortwechsel ergibt sich. Die Stimmen werden lauter. Aber da: Max kommt heran und drängt sich beschwichtigend und gleichsam Frieden fordernd und stiftend dazwischen. Streit im Hause mag er nicht, laute Stimmen sind ihm ein Greuel. Vier Hände streicheln ihn zum Dank. Die Ruhe kehrt zurück.

Am Abend zu Hause. Die Menschen sitzen vor dem Fernsehapparat. Max liegt bei ihnen — wo sonst! Plötzlich — ein Geräusch im Flur, die Tür geht auf, ein fremder Mann steht im Raum, einen länglichen Gegenstand drohend erhoben. Max fährt hoch, springt den Eindringling böse knurrend an, beißt ihn in den Arm, läßt auch nicht los, als der Knüppel auf ihn niedersaust. Auf Zuruf seiner Menschen gibt er den Ärmel sofort frei. Max hat soeben eine (vorher verabredete) Hausprüfung durch einen Experten des örtlichen Hundevereins mit Bravour bewältigt, obwohl er nie an einer Schutzhundausbildung teilgenommen hat. Beim sonntäglichen Frühstück. Wie bei allen Mahlzeiten liegt Max — den Kopf vom Tisch abgewandt — bei seinen Menschen. Der Duft des Schinkens interessiert ihn nicht, er weiß, daß es bei Tisch nichts für ihn gibt. Doch plötzlich setzt er sich auf und schiebt seine große, weiche, warme Schnauze sanft, aber doch fordernd, unter des Menschen Arm, so daß der Kaffee beinahe aus der Tasse schwappt. Er will gestreichelt werden. Sein Bedürfnis nach körperlicher Nähe, nach Handkontakt, nach Zärtlichkeit ist riesengroß und immer gegenwärtig; und gegebenenfalls macht er dieses Bedürfnis auf seine ganz besondere Art auch geltend. Wer kann schon widerstehen, wenn ein solcher Riesen-Teddy sich ihm auf die Füße setzt, den mächtigen Rücken an ihn lehnt, den Kopf nach hinten wirft und den weichen Hals zum Kraulen darbietet.

Draußen unterwegs

Der Mensch folgt Max beim täglichen Morgenspaziergang über die Wiesen. Dichter Nebel. Die weiße Schwanzspitze zeigt dem Menschen die Richtung an. Plötzlich ist sie weg. Max muß mal. Gelassen schlendert der Mensch weiter. Er weiß, daß sein Begleiter sich ihm in wenigen Augenblicken wieder zugesellen wird. Streunen ist nicht Maxens Art.

Beim Spaziergang im Wald. Max geht, wie (fast) immer ohne Leine, mal ein Stück hinterdrein, mal einige Schritte voraus. Plötzlich, weiter vorn: ein Reh betritt den Weg, hält inne, schaut herüber. Mensch und Max bleiben, fast wie verabredet, stehen, beobachten das Reh. Als es davonspringt, setzen auch sie sich wieder in Bewegung.

Max verläßt einen Waldweg nur, um sich — abseits und diskret — kurz zu versäubern.

Auf einem Spazierweg zwischen Wiesen und Feldern. Max schlendert schnuppernd am Wegesrand entlang. Die große Regenpfütze umgeht er wie selbstverständlich. Sorgsam weicht er den Häufchen aus, die seine Artgenossen hinterlassen haben. Plötzlich setzt er sich in Trab, wird schneller, fällt in Galopp, rennt quer über die Wiese, läuft suchend am Rande eines Ackers auf und ab, bis er den richtigen Toilettenplatz gefunden hat. Auf Wegen oder am Straßenrand ein Geschäft zu verrichten, ist seine Sache nicht.

Kurz danach: von vorne nähert sich keuchend eine Gruppe von Joggern. Beim Anblick von Max: spontanes Zögern (man hat ja so seine Erfahrungen mit Hunden). Fragender Blickkontakt mit seinem Menschen, ein beruhigendes Zeichen von diesem: Grünes Licht. Die Jogger passieren, ohne daß Max auch nur aufschaut. Einer streichelt ihm im Vorbeilaufen über den Kopf.

Bevor der Weg um eine Hecken-Ecke biegt, ein kurzer Pfiff des Menschen. Max bleibt stehen, dreht sich um, wartet, bis jener bei ihm ist. Sobald der Weg die Sicht frei gibt, ein Wort, und Max hat wieder freien Lauf. Von vorn kommt eine Frau mit kleinem Hund. Bei Maxens Anblick hat sie Angst, nimmt ihren Liebling auf den Arm. Ein kurzes, freundlich-beruhigendes Gespräch auf die Distanz, sie faßt Vertrauen, läßt den Kleinen wieder los und freut sich ganz beglückt, wie schön der mit dem Großen spielt.

In der Welt der Menschen

Die Tür des Restaurants öffnet sich. Herein kommt Max, an kurzer Leine, mit seinen Menschen. Zielstrebig geht es auf den (bereits zuvor ausgekundschafteten) Tisch in der Nähe des Eingangs zu. Wie selbstverständlich legt Max sich unter den Tisch, noch bevor die anderen sitzen. Er schaut nicht hoch, schnuppert nicht, bettelt nicht. Später verlassen alle wieder das Lokal, ruhig und diszipliniert. Auch mit Hund gern gesehene Gäste. Max

Vorsichtige Annäherung, damit der Kleine nicht erschrickt.

Ein Berner Sennenhund ist immer eine — geduldige — Attraktion für Kinder.

weiß, daß er draußen vor der Tür einen kleinen Leckerbissen bekommen wird, als Belohnung für sein Wohlverhalten.

Silvester, bei Freunden. Nach dem Prosit um Mitternacht geht man gemeinsam mit den Kindern hinaus, um das Neue Jahr mit Böllerschüssen und Leuchtkugeln zu begrüßen. Max ist dabei. Die Knallerei und die Lichter lassen ihn unbeeindruckt.

Ankunft des Flugzeuges nach neunstündigem Flug. Die Transportbox wird geöffnet. Mit großer, aber keineswegs hysterischer Freude begrüßt Max seine Menschen, schüttelt sich, schnuppert fasziniert, hebt am Zoll das Bein, erobert so die neue Welt.

Am Samstagvormittag in der Stadt. Max ist, wie immer, dabei; diesmal an der Leine. Sein Häufchen hat er noch zu Hause auf der Wiese gemacht. Für den Fall aller Fälle aber steckt in der Tasche des Menschen eine Tüte. Ein Stadtbummel mit Max ist immer ein Erlebnis. Viele Augen bleiben auf ihm ruhen: interessiert, wohlwollend, bewundernd. Menschen bleiben stehen: „Der ist aber schöön!" Man fragt nach seinem Namen, seiner Rasse, seinem Charakter; will wissen, wie schwer er ist, wieviel er ißt, wie häufig er gebadet wird. Viele Hände wollen — und dürfen — ihn streicheln. Kinder werden herangeführt. Kleine Hände patschen auf ihn, grapschen nach ihm. Max erträgt das alles mit souveräner Gelassenheit, liebenswerter Freundlichkeit und engelsgleicher Geduld. Und wenn es einmal zu sehr zupft, wenn Babyfinger in seine Nase bohren, wenn Kinderfüße auf seine Zehen treten, dann geht er einfach einen Schritt zur Seite.

Zuletzt: beim Tierarzt. Im Wartezimmer manche Artgenossen und dazu Katzen, Vögel, Hamster und so fort. An kurzer Leine und bei Fuß geht Max mit seinem Menschen auf einen freien Stuhl zu. Ruhig und ohne Angst liegt er da, beobachtet die anderen mit distanziertem Interesse, bis es dann heißt: Der Nächste bitte. Zuerst der gewohnte Gang auf die Waage: Gewicht stimmt. Im Behandlungsraum zunächst mal schnuppern, dann den Doktor und die nette Helferin begrüßen und schließlich gelassen, ohne Angst und ohne Aggression sich den Routine-Checkup-Prozeduren unterziehen: Stethoskop, Zahnkontrolle, Augenlampe, Ohrenspiegel, Spritze, Blutabnahme. Ergebnis: alles bestens. Noch immer — Max ist beinahe elf — kerngesund und in bester Kondition.

Die Schilderung dieser alltäglichen Szenen aus dem Leben von Max ist gleichzeitig eine Beschreibung des idealtypischen Wesens des Berner Sennenhundes: lieb, gutmütig, freundlich, anhänglich, zärtlich, sensibel, harmoniebedürftig, familienbezogen, häuslich; sicher, tolerant, geduldig, duldsam, ruhig, ausgeglichen, gelassen, mit hoher Reizschwelle, souverän in allen Situationen; zuverlässig, aufmerksam, wachsam, unerschrocken, mutig, beschützerisch.

Fazit: Ein Traum von einem Hund. Beste Gesundheit, souveränes Wesen, hohes Alter, faszinierende Schönheit. Dazu ein glücklicher Hund. Und glückliche Menschen; im doppelten Sinn, denn eine Portion Glück gehört dazu. Der hübsche, schön gezeichnete, wollknäuelige, tolpatschige Welpe von damals hätte sich auch zu einem schreckhaften, handscheuen Jämmerling, zu einem unberechenbaren Angstbeißer, zu einem aggressiven Familientyrannen entwickeln können. Er hätte mit unvollständigem Gebiß, mit schmerzhaftem Entropium, mit verkrüppelnder Hüftgelenks- oder Ellbogendysplasie behaftet sein können. Er hätte auch schon früh einen raschen Tod durch Magendrehung oder ein langsames und qualvolles Ende durch eine der zahlreichen Krebsarten erleiden können, denen immer mehr Berner Sennenhunde in immer jüngerem Alter erliegen. Aber: Max hatte Glück, und mit ihm seine Menschen.

Ein Traum entsteht nicht von allein

Vier Faktoren wirken zusammen, um einen Berner Sennenhund zu dem zu machen, was und wie er ist: 1. Das Erbe der Rasse, über Jahrhunderte entstanden und in jahrzehntelangem gesamtzüchterischem Streben bewahrt und gefördert. 2. Das aktuelle, verantwortungsvolle Bemühen des jeweiligen einzelnen Züchters, durch zurück- und vorausschauende Auswahl der Elterntiere die besten Merkmale und Eigenschaften hervorzubringen und so den idealtypischen Vertreter der Rasse zu „schaffen." 3. Glückhafte Umstände. 4. Die Menschen, mit denen der Hund lebt (leben darf? leben muß?).

Wenn alle vier Faktoren in optimaler und glücklicher Weise zusammenwirken, ist das Ergebnis der ideale Berner: von bester Gesundheit, von untadeligem Wesen, von hoher Lebenserwartung und von vollendeter Form und Schönheit. Die Komponente „Glück" spielt — unbeschadet aller züchterischen Gewissenhaftigkeit, aller Sorgfalt bei Paarung, Aufzucht, Pflege, Ernährung, Gestaltung des Lebensraumes — ihre große Rolle in den Bereichen Gesundheit, Langlebigkeit und Schönheit. Der zuletzt genannte Punkt hat seinen Schlußplatz in dieser Reihe mit Bedacht.

Der Bereich, der am wenigstens vom Glück, vom Zufall abhängt, ist das Wesen. Genetische Faktoren hin oder her: ein Hund kommt nicht als Angstbeißer zur Welt, ein Welpe wird nicht als dominanter Rudelführer oder als aggressionsgeladene Bestie geboren. Es ist auch nicht jeder Berner Sennenhund von Natur aus kinderlieb, verkehrssicher, dem Wildern abhold, oder dem Wagenziehen zugetan. Wesen ist — seit langem eine Binsenweisheit — die Summe zweier Bereiche: nämlich der ererbten und der erworbenen Eigenschaften. Der erste Bereich ist genetisch bestimmt und dem Einfluß züchterischer Maßnahmen unter den in der Hundezucht gegebenen Umständen nur in begrenztem Maße zugänglich; der zweite Bereich aber unterliegt der unbeschränkten Kontrolle (und damit auch der Verantwortung) durch den Menschen: Mangelhafte Erziehung läßt gute Eigenschaften verkümmern und schlechte hervortreten. Sachkundige Erziehung kann vorhandene Schwächen weitgehend kompensieren und das Beste aus einem Hund herausbringen.

Auch Max wurde nicht als der ideale Berner Sennenhund geboren, der er ist. Das Glück seiner Menschen war nicht immer vollkommen. Da waren die ersten Tage im neuen Heim, als er den Wohnzimmerteppich durchnäßte, das Tischbein annagte, die Gardine herunterriß, und seine Menschen durch herzerweichendes Heulen um den nächtlichen Schlaf brachte. Da waren die Wochen, als er — unbedacht zu lang allein gelassen — seine Matratze in kleinste Stücke zerfetzte, im Garten tiefe Löcher buddelte und Sträucher anknabberte; da war die Zeit, als er partout nicht kommen wollte, wenn man ihn rief; als er mit Begeisterung anderer Leute weggeworfene Papiertaschentücher aufnahm und hakenschlagend davonrannte, wenn man sie ihm wegnehmen wollte; als er sich genüßlich auf frisch gejauchter Wiese wälzte; als er mit schmutzigen Pfoten an verschreckten Spaziergängern hochsprang; als er innerhalb weniger Wochen (war es Langeweile, Zorn, Verzweiflung?) dreimal einen Sicherheitsgurt durchbiß, während er allein im Auto saß; als er mit markerschütternden Tönen — die Nachbarn vermuteten eine kalbende Kuh — gegen das Alleinsein zu Hause protestierte.

In solchen schweren Zeiten hilft kein Glück. Vielmehr ist jetzt der Mensch gefordert. Erziehung ist gefragt, Geduld, Lernbereitschaft, konsequentes Verhalten und Handeln, verantwortungsbewußter Umgang, Verzicht auf manche liebgewordene Gewohnheit — und viel (viel!) Zeit. Ob man einen gesunden, langlebigen und schönen Hund bekommt, liegt — neben züchterischer (auch zuchtverbandlicher) Vorsorge — zu einem nicht unerheblichen Teil in der Macht des Schicksals. Ob man einen guten, lieben und glücklichen Hund bekommt, liegt dagegen zum allergrößten Teil in der Macht des Menschen. Der Mensch kann und muß, vom allerersten Tag des Zusammenseins, in intensiver und konsequenter Beschäftigung mit dem Hund die Grundlage schaffen für ein lebenslanges glückliches Miteinander. Und diese Grundlage heißt: den Hund zu lehren, in der vom Menschen gestalteten Welt, die für ihn ja zunächst fremd ist, sich zurechtzufinden und in ihr ohne Konflikte und ohne Kollisionen zu leben; dabei ihn aber weder seiner Natur (als Hund) noch seiner Individualität (als dieser Hund) zu berauben.

Anpassung: ja; Unterdrückung: nein. Das setzt natürlich voraus, daß der Mensch seinerseits die Andersartigkeit des Lebewesens Hund, die Besonderheit des hundlichen Denkens, Fühlens und Handelns begreift; daß er aus diesem Begreifen heraus die Mittel und Wege sucht und findet, die dem Hund die Bewältigung der notwendigen Lern-, Gewöhnungs- und Anpassungsprozesse ermöglicht. Das heißt auch: der Mensch muß dem Hund Helfer sein, muß ihm das Lernen so leicht als möglich machen. Da aber jeder Hund nicht nur Angehöriger seiner Spezies, sondern auch Individuum ist, gilt es gleichzeitig, auch die Individualität des Hundes zu erkennen, zu fördern, zu formen.

Über den Hund zu lernen, ihn gleichzeitig zu lehren und ihm beim Lernen zu helfen, ist ein Vorgang, der ein und dieselbe Sache voraussetzt und sie zugleich bewirkt: nämlich eine enge partnerschaftliche Beziehung zwischen Mensch und Hund. Die Erziehung des Hundes gelingt um so besser, je vertrauensvoller die Beziehung zu seinem Menschen ist. Andererseits wird diese Beziehung um so inniger, je intensiver sich der Mensch um die Erziehung des Hundes bemüht. Je besser ein Hund erzogen ist, um so besser kann er in der Welt des Menschen „funktionieren", und ein um so verläßlicherer Partner kann er seinem/seinen Menschen sein.

Mensch und Hund befinden sich in einer gegenseitigen Abhängigkeit. Der Mensch macht sich freiwillig abhängig vom Hund, indem er sich zum Zusammenleben mit ihm und damit zur Übernahme von Verantwortung für sein Wohlergehen entschließt. Den Grad seiner eigenen Abhängigkeit bestimmt der Mensch dabei weitgehend selbst. Je stärker er sich seiner Verantwortung für den Hund bewußt ist, je ernster er diese Verantwortung nimmt, umso abhängiger macht er sich. Der Lohn für diese Abhängigkeit ist wunderschön: es ist das Erlebnis, harmonisch und glücklich mit dem Partner Hund zu leben.

Die Abhängigkeit des Hundes vom Menschen ist von anderer Art und von anderem Grad: sie ist unfreiwillig und sie ist total. Der Hund ißt, was sein Mensch ihm gibt. Der Hund ist, was sein Mensch mit ihm und aus ihm macht. Machen bedeutet Macht. Macht des Menschen über den Hund. Diese Macht darf auf keinen Fall mißbraucht werden. Sie muß vielmehr bewußt begrenzt werden, muß überlegt und verantwortungsbewußt eingesetzt werden zum Wohl des Hundes, was gleichzeitig auch zum Wohl des Menschen ist. Je früher und konsequenter der Mensch seine Macht gebraucht, umso sparsamer kann sie dosiert werden und umso weniger bedarf es ihrer später. Je früher und besser ein Hund lernt, mit seinem/n Menschen zu leben, umso problemloser, befriedigender, schöner wird das Zusammenleben sein. Erziehung ist die Grundlage für die Verständigung zwischen dem Menschen und seinem Hund. Wo diese Verständigung nicht funktioniert, kommt es zu Unsicherheit; aus Unsicherheit erwachsen Fehler; und diese Fehler behindern erneut und verstärkt die Verständigung. Funktionierende Verständigung zwischen Mensch und Hund ist Vorausetzung dafür, daß der Hund sich seines Menschen, und der Mensch sich seines Hundes sicher ist. Beide brauchen diese Sicherheit. Beide müssen füreinander berechenbar sein. Ein

Hund, der seines Menschen nicht sicher ist, wird ihm in bestimmten Situationen im besten Falle einfach aus dem Weg gehen, ihn ignorieren. Im schlimmsten Falle wird er sich gegen ihn auflehnen, sich ihm mit seinen Mitteln widersetzen. Ein Mensch, der seines Hundes nicht sicher ist, wird ständig negative Erlebnisse und Gefühle erfahren: Stress, Angst, Ärger, Hilflosigkeit, Ohnmacht, Versagens- und Schuldgefühle, Scham vor den Mitmenschen. Es gilt aber auch: je früher und besser ein Hund gelernt hat, in der Welt des Menschen zu leben, desto mehr Freiheit kann der Mensch ihm gewähren, wenn es darum geht, ihn einfach Hund sein zu lassen. Je sicherer der Mensch sich seines Hundes ist, umso gelassener kann er ihm gestatten, in seiner, in der Hunde-Welt sich zu bewegen, Erfahrungen zu sammeln, sich genußvoll auszuleben, sei es beim ungehinderten Erkunden einer Wiese oder bei der zwanglosen Begegnung mit anderen Hunden.

Es versteht sich von selbst, daß beim Aufbau und bei der Pflege der Partnerschaft zwischen Mensch und Hund für Zwang, Angst und Aggression kein Platz ist. Vielmehr sind die formenden und tragenden Elemente dieser Partnerschaft auf beiden Seiten: Liebe, Vertrauen und Respekt. Der zuletzt genannte Begriff ist besonders wichtig. Wer seinen Hund nicht respektiert, hat ihn nicht verdient. Wer die Persönlichkeit eines Hundes nicht zu achten bereit ist, sollte keinen haben. Wer keinen Respekt hat vor seinem Hund, der kann ihn vielleicht ausbilden, abrichten, dressieren, aber niemals erziehen. Es sei in diesem Zusammenhang auch klar gesagt, daß in der Beschreibung des Verhältnisses zwischen einem Menschen und seinem Hund Begriffe wie „Haltung", „Eigentum" oder „Besitz" — unbeschadet ihrer juristischen Gültigkeit — keinen Platz haben. Man kann Eigentümer eines Autos sein, aber nicht eines Hundes. Und einen Hund hält man nicht, man lebt mit ihm.

Wer nicht bereit ist oder sich nicht in der Lage sieht, sein Leben in diesem Sinne um- und einzustellen auf den neuen Lebensgefährten, der wird ohne Hund glücklicher sein — und der Hund ohne ihn. Das gilt ganz allgemein für jeden Hund. Für einen Berner Sennenhund aber gilt es in ganz besonderer Weise.

Ein ganz besonderer Hund — für ganz besondere Menschen

Zunächst einmal unterscheidet sich ein Berner in vielerlei Hinsicht von den meisten anderen Hunden schon allein durch seine Größe. Alles an einem ausgewachsenen Berner Sennenhund ist groß und stark und schwer und mächtig: sein Körper, seine Pfoten, seine Zähne, seine Zunge, sein Schwanz, seine Häufchen, seine Gefühle, seine Reaktionen, sein Wille, seine Tugenden und seine Unarten. Wer einen solchen Hund will, der muß in großen Kategorien denken, darf nicht kleinlich sein. Einen Berner kann man nicht im Körbchen zum Tierarzt tragen. Einen sich sträubenden Berner kann man kaum an der Leine hinter sich herziehen. Einen ausgewachsenen Berner kann man gegen seinen Willen nicht mit der Hand in Platz-Stellung drücken. Einen Berner kann man nicht im Waschbecken baden. Einen Berner kann man beim Anblick eines anderen Hundes nicht auf den Arm nehmen. Einen Berner kann man nicht über eine Pfütze heben. Ein Berner schlabbert mit größerer Zunge aus einem größeren Wassernapf. Ein Berner-Fell zu bürsten braucht mehr Zeit. Ein Berner muß längere Spaziergänge machen. Eine Berner-Pfote hinterläßt größere und tiefere Spuren, im Haus, im Auto, auf Kleidung. Eine Berner-Rute wedelt mit anderer Kraft und auf anderer Höhe. Ein Berner bellt lauter, freut sich gewaltiger, trauert tiefer, schmollt heftiger, widersetzt sich energischer. Für einen Berner Sennenhund genügt der kleine Finger nicht. Er braucht die ganze Hand, nein, beide Hände, den ganzen Menschen.

Der Berner Sennenhund ist in hohem Maße menschenbezogen, will engen und — besonders als Alleinhund — am liebsten ständigen Kontakt. Das bedeutet nicht, daß man sich immer gezielt mit ihm beschäftigen muß. Aber er will dabei sein, will die Nähe seiner Menschen spüren, will mit ihnen leben. Wer nicht bereit ist, seine Wohnung grundsätzlich mit einem Hund zu teilen, sollte keinen Berner zu sich nehmen. Andererseits kann eine Wohnung, die — etwa aus Gründen der Berufstätigkeit — regelmäßig ganztägig menschenleer ist, kein Zuhause für einen Berner sein. Ein Zwinger ist schon gar kein Ort für ihn. Wer einen Lebensstil behalten möchte, bei dem die Gegenwart eines großen Hundes stört, wem Surfen, Segeln, Sonnenbaden im heißen Sand, Abfahrtspisten und Après-Ski, Flugreisen, Museumsfahrten usw. viel bedeuten, der sollte auf einen Berner Sennenhund verzichten.

Ein Berner Sennenhund ist zwar nicht ausgesprochen träge, aber auch nicht übermäßig bewegungsfreudig. Er tobt nicht durch den Garten, rast nicht über die Wiesen, rennt nicht mit Begeisterung hinter weggeworfenen Stöckchen her. Er liegt lieber beim Haus und beobachtet das Treiben seiner Umwelt. Das bedeutet, daß man ihn bewußt und gezielt bewegen muß. Zwei Spaziergänge von jeweils einer Stunde Dauer täglich, am Wochende mehr, sind hierfür nicht zu hoch angesetzt. Wer dafür die Zeit oder die Lust oder die Konstitution nicht hat, sollte keinen Berner haben.

Ein Berner Sennenhund ist groß und stark. Zwar ißt er nicht gar so viel, wie unerfahrene Menschen meistens meinen. Dennoch muß man realistisch sehen, daß er eine größere Menge hochwertiger Nahrung benötigt, als ein kleiner Hund. Entsprechend höher ist der Betrag, der dafür aufzuwenden ist. Rechnet man weitere Fixkosten (Ausrüstung, Pflegemittel, Steuer, Impfungen) hinzu, erreicht man leicht die Höhe der Betriebskosten für einen Kleinwagen. Bei Auftreten schwerwiegender gesundheitlicher Probleme können sich diese Kosten gewaltig steigern.

Der Berner Sennenhund hat ein wunderschönes, langes Haarkleid. Dieses in seiner Pracht zu erhalten, erfordert regelmäßige, intensive Pflege. Trotz wöchentlich mehrmaliger Fellpflege hinterläßt der Berner viele Haare in der Wohnung. Er bringt auch, trotz aller Reinlichkeit, die ihm teils eigen ist, teils anerzogen werden kann, und trotz aller Vorkehrungen, eine Menge Staub und Schmutz ins Haus. Wer nicht bereit ist, ein gelegentliches Hundehaar in der Suppe in Kauf zu nehmen, der muß auf das Leben mit einem Berner verzichten. Worauf andererseits ein Berner Sennenhund verzichten kann, wenn es ihm ansonsten gut geht, ist Platz. Entgegen weitverbreiteter Meinung braucht er weder Haus mit Garten noch einen Kombi als Fahrzeug. Die Forderung nach solchem Komfort geht vom Menschen aus. Natürlich macht sich rein optisch ein großer Hund in einem großen Auto besser; selbstverständlich wirkt ein mächtiger Berner auf einer geräumigen Terrasse attraktiver als in einem kleinen Zimmer; gewiß paßt ein Sennenhund besser in eine naturnahe Umgebung als in einen großstädtischen Wohnblock; kein Zweifel: ein eigenes Gartenrevier nach Belieben mit der Nase erkunden und mit gezieltem Strahl markieren zu können, ist für einen Berner Rüden etwas Wunderschönes. Wer aber wollte sich anmaßen, die Genehmigung der Liaison mit einem solchen Hund vom sozialen und wirtschaftlichen Status des Menschen abhängig zu machen. Den Berner nur für besserverdienende Häuslebesitzer? Nein danke. Wer bereit ist, mit seinem Hund eine Zwei-Zimmer-Wohnung zu teilen und seinen eigenen Platzanspruch entsprechend zu reduzieren; wer in einem kleinen Auto die Rückbank freihält und stattdessen beim eigenen Reisegepäck sich beschränkt; wer statt anderer Freizeitaktivitäten eben täglich zweimal an den Stadtrand fährt und mit seinem Hund spazierengeht, warum sollte der auf das „Berner-Glück“ verzichten? Nur, häufiges Treppensteigen sollte man einem Berner Sennenhund ersparen. Ebenerdig also. Wenn Wohnblock, dann bitte mit Lift und mit der Bereitschaft, bei dessen Versagen den Hund im Notfall, bei Krankheit und im Alter persönlich die Treppe hinunter- und hinaufzutragen.

Etwas Wesentliches gilt es hier noch anzusprechen. Welpen aller Rassen sind hübsch und niedlich. Ein Berner Sennen-Welpe aber ist der Inbegriff von „süß“, „goldig“, „wonnig.“ Beim Anblick eines solchen schwarzweiß-braunen, flauschigen, rundlichen Knäuels, mit tapsigen Pfoten, dunkel-schimmernden Augen und rosiger Zunge, geraten Kinder, Frauen und Männer gleichermaßen in Entzücken. Gleichzeitig steht der Berner Sennenhund in dem Ruf, ein ausgesprochener Softie zu sein: besonders sanft, außergewöhnlich freundlich, ausgesprochen kinderlieb und ganz und gar problemlos zu erziehen. Viele Menschen glauben daher, das tolpatschige Wollknäuel entwickle sich gewissermaßen von selbst zu dem mächtigen, bärenhaften, gutmütigen Knuddelhund, den man inzwischen auch aus der Werbung und aus Fernsehserien kennt. Sie unterliegen deshalb dem — meist folgenschweren — Irrtum die Erziehung des kleinen Berners vernachlässigen zu können.

Ein Berner ist aber zunächst einmal ein Hund wie jeder andere auch. Mit zunehmendem Alter beginnt er, seine Individualität zu entwickeln und seine Rolle im sozialen Gefüge zu suchen und zu bestimmen. Gleichzeitig wächst er, schneller als man vermutet, zu einem großen und starken Hund heran, und dabei bisweilen seinen Menschen über den Kopf. Wer erst jetzt beginnt, sich um die Erziehung seines Hundes zu kümmern, Gehorsams- und Dominanz-Probleme lösen zu wollen, ist in der Regel zu spät dran. Es gibt genügend Beispiele dafür, daß Berner Sennenhunde zu Hause sich wunderbar benehmen, ausserhalb aber unkontrollierbar sind. Es gibt auch Hunde, die sich so sehr als Herr im Haus fühlen, daß sie ihre Menschen das mit Knurren, ja selbst mit Beißen spüren lassen. Es gibt andere, die an der Leine so sehr ziehen, daß sie nur von starker Männerhand geführt werden können. Es gibt solche, die beim Tierarzt angstvoll zittern, und andere, deren Behandlung nur nach Anlegung eines Maulkorbs möglich ist. Keiner dieser Berner Sennenhunde wurde jedoch so geboren. Keiner von ihnen wurde mit diesen Eigenschaften von seinem Züchter an den Käufer übergeben. Jeder von ihnen ist das Produkt der Erziehung durch seine/n Menschen. Der Berner ist kein Wesen, das man aus falsch verstandener Liebe oder bequemlicher Nachlässigkeit zunächst nur seine jugendliche Freiheit „genießen“ läßt, um ihm dann später auf dem Hundeplatz mit Härte Manieren einzuschleifen. Wie jeder Hund ist auch ein Berner nach einem Jahr das, was der Mensch aus ihm gemacht hat.

Der Berner ist ein äußerst sensibler Hund, der aber gelegentlich auch zur Dickköpfigkeit neigt. Ihn zu erziehen erfordert von seinem Menschen zwei wesentliche Eigenschaften: Sensibilität und Konsequenz. Wer nicht genügend Einfühlungsvermögen hat, dem kleinen Bär auf den Weg zu helfen, und nicht genügend Festigkeit, den großen dann darauf zu halten, der sollte in beiderseitigem Interesse auf eine Lebensgemeinschaft mit einem Berner Sennenhund verzichten. Hektiker, Choleriker, Zyniker, Arroganzler, Machtstreber und Tyrannen ebenso wie Menschen ohne klare Wertvorstellungen und Prinzipientreue sind des Berner Typen nicht. Wenn Berner Sennenhunde ihre Menschen selbst aussuchen könnten: manch einer — auch mancher Züchter, auch mancher Vereinsfunktionär — müßte sich

Das Original und — manchen Menschen als Alternative zu empfehlen — die pflegeleichte Kopie.

wohl nach einem anderen Begleiter umschauen.

Und schließlich: Der Berner Sennenhund ist ein äußerst attraktiver Hund, dazu noch mit dem chicen Flair des Schweizerischen — man weiß ja: Gstaad, Arosa, Interlaken, St. Moritz. Es ist nicht zuletzt dieser Umstand, der dazu geführt hat, daß manche Leute sich ihn als Renommierobjekt zulegen. Seine guten Charaktereigenschaften und sein attraktives Aussehen haben ihn in bereits bedenklich hohem Maße zum Modehund werden lassen. Noch dazu nicht selten in der Hand von Menschen, die entweder nicht willens oder nicht in der Lage sind, ihm ein art- und typgerechtes Leben zu bieten. Mit aller Deutlichkeit sei daher an dieser Stelle gesagt: Wer einen Berner Sennenhund als attraktives Accessoire, als schmückende Bereicherung eines stilvollen Wohn-Ambientes sich zulegen will, der möge sich bitte für das rechte der beiden hier abgebildeten Exemplare entscheiden. Er wird es damit leichter haben — und der lebendige Hund auch.

Wer aber gewillt ist, sich einzulassen auf das Abenteuer, sein Leben ganz und gar mit einem Berner Sennenhund zu teilen, der hat die einmalige Chance, das große Glück zu finden, das in den Augen, in der Wärme, in der Liebe dieses wunderbaren Wesens liegt. Apropos finden: Potentielle Lebensgefährten eines Berner Sennenhundes werden wissen wollen, woher die Rasse stammt, wie und wo man „seinen" Welpen findet und was zu tun ist, das dann gefundene Glück zu schmieden, zu hegen und zu behalten. Die folgenden Kapitel wollen bei der Beantwortung dieser Fragen behilflich sein.

Vier Monate alt - und schon eine ausdrucksstarke Persönlichkeit.

Kapitel Zwei

GESCHICHTE DER RASSE

Das Erbe

Die Entdeckung

Seitensprung mit (erwünschten) Folgen

Berner Sennenhund International

Damals wie heute - ein Berner Sennenhund gehört zum Glück.

Das Erbe

Den Berner Sennenhund, wie wir ihn heute kennen — das heißt den unter diesem Namen rein gezüchteten, standardmäßigen Rassehund — gibt es seit knapp einhundert Jahren. Seine ursprüngliche Heimat in der Schweiz ist die Gegend um Bern: das Berner Mittelland, das Emmental, das Voralpengebiet. In dieser seit altersher landwirtschaftlich geprägten und überwiegend durch Einzelgehöfte und Streusiedlungen gekennzeichneten Region gab es um die Jahrhundertwende — wie in anderen, vergleichbar strukturierten Gebieten Mitteleuropas auch — ein breites Vorkommen von

Verträglichkeit mit anderen Tieren war (und ist) für den Berner Sennenhund eine selbstverständliche Tugend.

Das Ziehen von Milchkarren gehört auch heute noch zu den traditionellen Aufgaben von Berner Sennenhunden in der Schweiz.

Bauernhunden. Die Geschichte dieser Hunde dürfte weit zurückreichen in vorchristliche Zeit. Ihre Entstehung vollzog sich wohl im Gefolge der Entwicklung bäuerlicher Kultur und Lebensform. Im Laufe vieler Jahrhunderte hatten so auch die in dieser Region lebenden Menschen Hof- und Hütehunde herangezogen, die ihren Bedürfnissen entsprachen und den Anforderungen ihrer Lebensweise genügten. Was aber waren diese Anforderungen? Wofür wurden diese Hunde gebraucht? Was mußten sie können? Wie mußten sie sein?

Zunächst einmal mußte ein solcher Hund eng auf den Menschen bezogen sein, mußte sich seinen Leuten, seiner Familie ganz zugehörig fühlen. Er mußte in hohem Maße loyal und treu sein. Damit ging einher, daß er sein und seiner Menschen Heim und Territorium, d. h. Haus und Hof zuverlässig bewachte; daß er das Herannahen von Fremden und Fremdem durch entsprechendes (und je nach Situation oder Person differenziertes) Bellen anzeigte. Dazu gehörte auch, daß er im Ernstfall beschützerisch aktiv wurde. Vom Bauernhund wurde erwartet, daß er beim Hof blieb und nicht etwa weiträumig umherstreunte, schon gar nicht wilderte. War man unterwegs, sollte er seinen Menschen ein anhänglicher Begleiter sein; nahm man ihn zur Feldarbeit mit, dann sollte er in der Nähe bleiben, ohne beaufsichtigt werden zu müssen und ohne zu stören. Beim Treiben und Zusammenhalten des Viehs sollte er eifrig, geschickt und tüchtig mithelfen. Mit den übrigen Tieren auf dem Hof mußte er in Frieden leben können. Bisweilen verlangte man von ihm auch, daß er kleinere Lasten auf einem Wagen zog. Kurzum: Ein solcher Bauernhund mußte sehr vielseitig sein. Er war Familien-, Wach-, Schutz-, Begleit-, Hüte-, Treib- und Zughund in einem. Diese vielfältigen Aufgaben erforderten von ihm ganz bestimmte Charaktereigenschaften: Intelligenz, Arbeitswilligkeit, Führigkeit, Häuslichkeit,

Treue, Wachsamkeit, Mut, Gelassenheit, Ausgeglichenheit, kurz: all jene Tugenden, deretwegen der Berner Sennenhund auch heute noch so beliebt ist. Kraft, Ausdauer und Beweglichkeit waren die wesentlichen körperlichen Eigenschaften, die von ihm verlangt waren. Er sollte eine gute Größe haben und ein Fell, das wirksamen Schutz vor den Unbilden der Witterung, insbesondere vor der winterlichen Kälte bot. Bei alledem sollte er problemlos und anspruchslos in jeder Hinsicht sein: wenig zeitaufwendig in der Pflege, relativ einfach zu erziehen, gesund, robust, genügsam im Futter.

Es verwundert nicht, daß ein solch vielseitig gebrauchstüchtiger Hund auch anderweitig Verwendung fand: als Begleiter und Helfer von Viehhändlern und Metzgern, als Käsereihund, als Küher- bzw. Sennenhund. Senn oder Küher war die Bezeichnung für den nicht seßhaften Viehbauern bzw. Alphirten, der seine Herde im Sommer auf hochgelegenen Pachtweiden hielt, im Winter in gemieteten Stallungen im Tale. Worauf es bei einem solchen Hund am wenigsten ankam, war das Aussehen. Uniforme Schönheit war kein wesentliches Erfordernis und deshalb auch kein bestimmendes Merkmal. Das Aussehen dieser Hunde variierte durchaus, etwa nach Körpergröße oder Struktur und Farbe des Haares. So gab es zum Beispiel neben solchen mit Langhaar auch andere, die stockhaarig waren. Nicht alle zeigten die heutige standardmäßige Dreifarbigkeit; manche waren schwarz und braun, andere rot und weiß. Und doch waren sie sich bei aller Verschiedenheit sehr ähnlich in einer natürlichen Grundharmonie der Statur, sowie in Funktionstüchtigkeit und Wesen.

Einen Rassenamen hatten diese Hunde nicht. Häufig wurden sie nach farblichen Besonderheiten benannt. Hatte zum Beispiel einer einen breiten weißen Streifen auf Nase und Stirn, hieß er „Blässi“ oder „Bläss“; war diese Blesse sehr schmal oder gar nicht vorhanden, wirkte das Gesicht also eher düster, bärenhaft, so bekam er den Namen „Bäri“ oder „Bärri“; ein weißer Ring um den Hals machte ihn zum „Ringgi“. Die beiden rostroten Tupfer über den Augen (Überaugenflecken) führten zu dem Namen „Vieräugler“; und von den rotbraunen (gelben) Backen rührt die Bezeichnung „Gelbbäckler“ her.

Diese Bauernhunde waren, wie gesagt, in der ganzen Region um Bern weit verbreitet. Es gab allerdings auch so etwas wie eine lokale Identität, das heißt, die Identifizierung eines bestimmten, respektablen Typs mit seinem Herkunftsort. Ein solcher Ort war der Weiler Dürrbach, zwischen Riggisberg und dem Gurnigel, im Voralpengebiet südlich von Bern. Der Wirt des dortigen, gleichnamigen Gasthauses züchtete und verkaufte Hunde des lokalen Typs. Weil diese „Dürrbachhunde“ oder „Dürrbächler“ offenbar idealtypisch waren, wurde ihr Name bald auch für den gesamten Hundeschlag verwendet.

Die Entdeckung

Nach dem Vorbild anderer europäischer Länder erwachte in der zweiten Hälfte des 19. Jh. auch in der Schweiz das Interesse an der Kynologie, am Rassehund und seiner Reinzucht, an Stammbäumen, Zuchtbüchern und Hundeausstellungen. Bei der Besinnung auf eigene, landestypische Hunderassen rückte auch sehr bald der Dürrbächler in den Blickpunkt. Bei Hundeausstellungen in den Jahren 1902 und 1904 wurden erstmals — in sehr kleiner Zahl — Dürrbächler ausgestellt, damals allerdings noch nicht als offiziell anerkannte Rasse, sondern in einer sogenannten Versuchsklasse, also gewissermaßen außer Konkurrenz. Vier der bei der zweiten dieser Ausstellungen, in Bern, anwesenden Hunde (drei Rüden, eine Hündin) wurden anschließend als erste „Dürrbacher Sennenhunde" in das Schweizerische Hundestammbuch (SHSB) eingetragen. Damit begann die „offzielle" Existenz der Rasse. Diese vier Hunde dokumentieren sozusagen den Grundstock der modernen Berner Sennenhund-Zucht. Sie waren aber nicht nach ihren Zuchtstätten benannt, trugen also keinen „Zwinger"-Namen, sondern hießen — dem damaligen Brauch entsprechend — ganz einfach, wie man sie rief: Prinz, Ringgi, Phylax und Belline.

Von da an ging es aufwärts. Dabei kamen zwei glückliche Umstände zusammen. Der erste war, daß sich in und um Burgdorf Liebhaber des Dürrbächlers fanden, die sich engagiert für dessen Reinzucht einsetzten und die Rasse bei Ausstellungen propagierten (u. a. Max Schafroth, Gottfried Mumenthaler, Fritz Probst, Franz Schertenleib und Dr. Scheidegger). Der zweite glückliche Umstand kam in Gestalt des Züricher Professors Albert Heim. Dieser, ein begeisterter Kynologe, fand besonderen Gefallen an den Schweizer Sennenhund-Rassen. Der Dürrbächler eroberte wegen seiner guten Charaktereigenschaften und wegen seiner natürlichen Schönheit Heims ganz besondere Zuneigung. Als Richter bei Hundeausstellungen wie auch als Autor in der kynologischen Fachpresse tat er viel, um die Existenz dieses alten Bauernhundeschlags zu sichern und zu fördern. Er wurde gleichsam zum Geburtshelfer der Rasse und zum Mentor der Züchter jener Zeit.

Im Jahre 1907 publizierte Heim eine Beschreibung der Rasse im „Centralblatt für Jagd- und Hundeliebhaber", dem damaligen Publikationsorgan der Schweizerischen Kynologischen Gesellschaft (SKG). Noch im selben Jahr gründeten die oben genannten Burgdorfer Förderer den „Dürrbach-Klub" und stellten einen Katalog mit Rassekennzeichen auf. Der Verein wurde 1912 umbenannt in „Berner - Sennenhund - Klub", heute Schweizerischer Klub für Berner Sennenhunde (KBS).
Bei den Ausstellungen jener Anfangsjahre stieg die Zahl der gezeigten Dürrbächler langsam aber kontinuierlich an. Der große Durchbruch kam dann bei einer Spezialausstellung, die der neue Club im Jahre 1910 in Burgdorf durchführte, um sozusagen eine Bestandsaufnahme des in der Region existierenden Zuchtpotentials zu ermöglichen: 107 Dürrbächler wurden dem Richter Heim präsentiert. Im selben Jahr wurde der Standard von 1907 geringfügig revidiert; er blieb dann bis 1951 gültig, als wiederum einige kleine Änderungen vorgenommen wurden. Im Jahre 1973 wurde der Standard dann überarbeitet, detailliert und präzisiert. Die gegenwärtig gültige Fassung stammt aus dem Jahre 1993. Vergleicht man die frühen Beschreibungen der Rassekennzeichen mit dem heutigen Standard, so stellt man fest, daß sich das Bild des Berner

Sennenhundes seither zwar in — durchaus wichtigen — Details verändert hat: er ist etwas höher geworden; das ursprünglich noch weit verbreitete Kraushaar wurde ausgeschlossen; das Weiß wurde quantitativ reduziert und die Zeichnung damit insgesamt harmonisiert (z.B. war ein weißer Halsring und ein weißer Nackenfleck bis 1951, ein kleiner weißer Nackenfleck bis 1973 gern gesehen). Insgesamt aber hat sich der ursprüngliche Standard in all dieser Zeit nicht wesentlich verändert. Im Grunde ist der Berner von heute der, den Heim vor 90 Jahren vor sich sah und den er erhalten wollte. Und wenn man die Beschreibung in seiner Schrift „Die Schweizer Sennenhunde" (1914) liest, stellt man fest, daß es auch gar keinen Grund gibt, diesen Hund jemals ändern zu wollen: „Mir scheint, der gute Berner-Sennenhund ist durch sein Ebenmass in jeder Richtung und seine herrliche Farbe und Farbzeichnung eigentlich wohl der schönste Hund, den es gibt. Viele andere Rassen sind in ihren Eigenartigkeiten interessant und schön und herrlich, der Berner-Sennenhund scheint mir durch seine Normalität schön. Nichts ist einseitig übertrieben, alles ist harmonisch, nichts ist sonderbar, alles ist an seinem natürlichen Platz." Auch in bezug auf das Wesen hat Heim alles Entscheidende prägnant formuliert, wenn er von den Berner Sennenhunden sagt: „Sie sind sehr aufmerksam, sie beachten alles, sie liefern Beweise höchster Intelligenz und Ueberlegung, ... sie sind sehr anhänglich, liebevoll und treu und sie sind, wie alle Sennenhunde, ohne jede Hinterlist. Sie sind kühn und furchtlos, aber keine Raufer. Das alles sind durchgreifende, uralt erzüchtete und vererbte Rasseneigenschaften."

Seit Anfang unseres Jahrhunderts hat die Rasse einen stetigen Aufschwung erlebt. Während einerseits der Berner Sennenhund bis heute ein vielerorts hoch geschätzter bäuerlicher Gebrauchshund geblieben ist, haben andererseits seine hervorragenden Charaktereigenschaften und sein höchst attraktives Äußeres ihn zu einem beliebten Familien- und Begleithund werden lassen.

Seitensprung mit (erwünschten) Folgen

Nur der Vollständigkeit wegen sei hier ein Ereignis erwähnt, das sich im Jahre 1948 zutrug.

Einem recht maskulin empfindenden, kapitalen Neufundländer Rüden namens Pluto stach die attraktive und gar nicht spröde Berner Sennenhündin Christine ins Auge und in die Nase. Eines hitzigen Tages setzte sich Pluto über den trennenden Zaun und über alle Rasseschranken hinweg. Die beiden Hunde stürzten sich in ein amouröses Abenteuer, das nicht ohne Folgen blieb. Sieben Welpen — die ganz wie Neufundländer aussahen — waren das Ergebnis dieser Mesalliance.

Wenn so ein Mißgeschick in seriösen Züchterkreisen vorkommt, wird es zumeist schamhaft verschwiegen. In diesem Fall aber war das anders. Es begab sich nämlich, daß gerade zu jener Zeit Überlegungen angestellt wurden, den Berner Gen-Pool durch Beimischung von etwas ganz und gar Neuem zu bereichern, zu verbessern. Eine solche Verbesserung erschien erstrebenswert, weil die Rasse offenbar in einigen Bereichen (z.B. Wesen, Gangwerk, Fellstruktur) unerwünschte Schwächen zeigten. Aus diesem Grunde also hatte man von seiten des Klubs ohnehin bereits die Einkreuzung eines Neufundländers beabsichtigt. Nachdem nun der Zufall in Gestalt Plutos die Verwirklichung dieser Absicht vorweggenommen hatte, machte man aus der Not eine Tugend und beschloß, eines der „Mischlingskinder“ zu gezielter Weiterzucht zu verwenden. Die Wahl fiel auf Babette. Sie wurde später mit dem Berner Rüden Aldo gepaart, woraus sich unter anderen die schöne Berner Hündin Cristine ergab. Aus der Verbindung dieser Christine mit dem Rüden Osi überlebten dann zwei Nachkommen: die Hündin Bella v. Angstorf und ihr Bruder Alex v. Angstorf. Letzterer brachte es nicht nur zu großen Ausstellungserfolgen, sondern auch zu vielfachen Vaterehren.

Heute ist der damalige Seitensprung längst vergessen. Negative Auswirkungen wurden nicht sichtbar. Im Gegenteil: man glaubte, in der Folge die erhofften Verbesserungen beobachten zu können.

Berner Sennenhunde International

Die Popularität des Berner Sennenhundes blieb nicht lange auf die Schweiz begrenzt. Schon früh fand die Rasse Eingang nach Deutschland. Bereits 1911 importierte das Ehepaar Frank und Nanny Behrens — von Professor Heim auf die Rasse aufmerksam gemacht — den Rüden „Senn vom Schlossgut“ aus der Zucht des oben genannten Franz Schertenleib; 1917 folgte dann die Hündin „Regina von Oberaargau“ aus der Zuchtstätte des ebenfalls erwähnten Dr. Scheidegger. Diese zwei Hunde stehen am Beginn der Berner Sennenhund-Zucht in Deutschland. 1919 ging aus der Verbindung der beiden der erste hierzulande bekannt gewordene und registrierte Wurf unter dem Zuchtnamen „vom Sieberhaus“ hervor.

1923 wurde der Schweizer Sennenhund-Verein für Deutschland (SSV) gegründet. Der Verein betreut alle vier Sennenhund-Rassen, neben dem Berner also auch den Appenzeller, den Entlebucher und den Großen Schweizer. Im Laufe der vergangenen 80 Jahre hat der Berner Sennenhund in Deutschland beachtliche Popularität erlangt, die sich deutlich in der Zahl der Würfe widerspiegelt. Gegen Ende der Achtziger Jahre wurden im jährlichen Durchschnitt ca. 170 Würfe (ebenso viele wie in der Schweiz) mit insgesamt etwa 1.000 Welpen geboren.

In der DDR war 1952 die Spezialzuchtgemeinschaft für Berner Sennenhunde gegründet worden; auch hier entwickelte sich eine Zucht auf respektablem Niveau. Die 1990 erfolgte Vereinigung der SZG für Berner Sennenhunde mit dem SSV führte zu einer beachtlichen Vergrößerung der Rassepopulation. Für das Jahr 1991 wurden mehr als 1.300 in Deutschland geborene Welpen registriert.

1992 wurde der Deutsche Club für Berner Sennenhunde (DCBS) gegründet, ein Verein, der ausschließlich die Belange dieser Rasse vertritt. In Österreich werden die Berner zusammen mit den anderen drei Sennenhund-Rassen vom Verein für Schweizer Sennenhunde in Österreich (VSSÖ) betreut.

Auch außerhalb des deutschsprachigen Raumes hat der Berner Sennenhund (engl.: Bernese Mountain Dog; frz.: Bouvier Bernois) weite Verbreitung gefunden. So gibt es heute eine Berner-Zucht und entsprechende Organisationen in vielen europäischen Ländern (besonders die skandinavischen Länder, die Niederlande und Großbritannien sind hier zu nennen). Auch in den USA und in Kanada erfreut sich die Rasse steigender Beliebtheit. In Großbritannien wurden im Jahre 1992 etwa 700, in den USA rund 1.500 Welpen geboren. Die angelsächsischen Länder nehmen in mancherlei Hinsicht eine Sonderstellung ein. Weil die dortigen Dachverbände nicht der F.C.I. angehören, unterliegen auch Zucht- und Ausstellungswesen nicht deren Reglement. Das bedeutet zum Beispiel, daß die Clubs in diesen Ländern einen eigenen Rassestandard (wiewohl in enger Anlehnung an den vom Heimatland der Rasse ausgehenden Standard) festlegen. Man hat sich dort übrigens auch in starkem Maße auf einen Aspekt der ursprünglichen — und in der Schweiz noch heute lebendigen — Verwendung des Berner Sennenhundes besonnen: nämlich die Arbeit als Zughund. Die Pflege und Förderung des „carting“ oder „drafting“ durch Ausbildung und Wettbewerbe steht dem Berner Sennenhund denn auch allemal besser zu Gesicht als die hierzulande noch häufig propagierte Schutzhundausbildung mit sogenannter „Mann-Arbeit“. Alle angelsächsischen Clubs informieren übrigens mittels erstklassiger Zeitschriften den interessierten Freund bzw. Züchter des Berner Sennenhundes regelmäßig, aktuell und kompetent über rassespezifische und allgemeinkynologische Fragen, z. B. aus den Bereichen Zucht, Haltung, Ernährung, Pflege, Erziehung, Ausbildung, Ausstellung, Sport und (ganz wichtig) Gesundheit. Hier besteht im deutschsprachigen Raum ein bedauerliches Defizit.

Auch in den USA erfreut sich der Berner Sennenhund steigender Beliebtheit.

Das liebe Wesen ist diesem einjährigen, wunderschönen Jungrüden ins Gesicht geschrieben.

Kapitel Drei

RASSE-STANDARD

Wesen und Funktion des Standard

Text des Standard

Erläuterungen zum Standard

Ideale Front: korrekter Stand, mächtige Brust, markanter Kopf, bestechendes Haarkleid, bildschöne Zeichnung, stolze Haltung.

Wesen und Funktion des Standards

Der Standard ist die Beschreibung einer Hunderasse, ein Katalog ihrer distinktiven Merkmale und spezifischen Eigenschaften. Er formuliert das, was einer Rasse ihre Identität verleiht. Der Standard definiert immer den idealtypischen Hund. Die Beschreibung reicht dabei von Aussagen über das Gesamtbild (Gestalt, Größe, Proportionen etc.) bis hin zu Beobachtungen von Details: Haltung der Rute, Form der Ohren, Stellung der Zähne, Farbe der Augen, Pigmentierung der Nase usw. Der Standard porträtiert den Hund im Stand, macht aber auch Aussagen über den Bewegungsablauf, das „Gangwerk" des Hundes. Neben der körperlichen Erscheinung, dem Exterieur, charakterisiert der Standard auch das erwünschte Wesen, das Verhalten in bestimmten Situationen und Umständen. Insgesamt und im wesentlichen liefert der Standard eine Beschreibung dessen, was man den Phänotyp nennt: die sichtbare, greifbare, erfahrbare Gestalt des Hundes.

Der Standard einer Rasse zeichnet ein Idealbild. Er stellt das Muster, den Maßstab dar, an dem der individuelle Hund gemessen wird. Der Standard ist normativ: er definiert, legt fest und schließt aus. Das bedeutet natürlich nicht, daß es sich dabei um eine Vorlage handelt, der vollkommen und detailgetreu entsprochen werden muß. Vielmehr wird ein Rahmen vorgegeben, innerhalb dessen Abweichungen in begrenztem Grad und Umfang durchaus zulässig sind. Der Standard setzt das Ideal, dem es nahezukommen gilt. Es gibt dabei Merkmale und Eigenschaften, die wichtiger sind, die deshalb nachdrücklicher gefordert werden, als andere. Andersherum gilt: es gibt Abweichungen von der gewünschten Norm, die mehr oder weniger toleriert werden. Der Grad der Toleranz orientiert sich an der Bedeutung der Eigenschaft, richtet sich danach, ob es sich um etwas mehr oder weniger Wesentliches handelt. Es ist einleuchtend, daß Mängel, welche die Funktionalität, die Gesundheit, das Wesen des Hundes beeinträchtigen, schwerer wiegen (sollten), als zum Beispiel Abweichungen vom Schönheitsideal.

Nach den Richtlinien der F.C.I. wird der Standard definiert vom Zuchtverband des Ursprungslandes der Rasse. Im Falle des Berner Sennenhundes liegt die Festlegung des Standard daher in der Kompetenz und Verantwortung des Schweizerischen KBS.

Ein Vorwurf, der den Rassezuchtverbänden häufig gemacht wird, ist, sie änderten den Standard willkürlich und ohne Rücksicht auf die natürliche Beschaffenheit einer Rasse und auf ihre spezifischen Bedürfnisse, mit dem Ergebnis von Überzüchtungen bis hin zu sogenannten Qual- oder Krüppelzüchtungen. Für den Berner Sennenhund trifft dieser Vorwurf nicht zu. Er wurde weitestgehend so belassen, wie er ursprünglich war. Sein Standard geht zurück auf die Beschreibung, die Professor Heim von jenen Hunden machte, die zu Beginn des Jahrhunderts existierten. Seit damals wurde der Standard nur wenige Male und immer nur sehr behutsam modifiziert, wobei es im wesentlichen um eine leichte Anhebung der Größe und um eine Reduzierung übermäßiger Weißzeichnung ging.

Die Bedeutung des Standards für den Züchter einer Rasse versteht sich von selbst. Ziel des Züchters ist die Schaffung des Hundes, der dem Idealtyp der Rasse am vollkommensten entspricht, der am gesündesten, am funktionstüchtigsten, am wesensfestesten und am schönsten (natürlich auch am langlebigsten) ist. Das züchterische Handeln muß darauf angelegt sein, Hunde zu schaffen, welche die standardbestimmten phänotypischen (real existierenden) Merkmale ideal verkörpern und gleichzeitig genotypisch (erbanlagemäßig) damit übereinstimmen; d. h. Hunde, die so sind, wie sie scheinen; Hunde, die in ihren Erbanlagen all das tragen und — hoffentlich — weitergeben, was sie nach außen sichtbar repräsentieren. Deshalb ist der Standard für jeden Züchter verbindliche Orientierung und Maßstab. Am Standard wird der züchterische Erfolg, die Qualität einer Zucht gemessen.

Traditionelles Mittel und Forum der Qualitätskontrolle in der Hundezucht sind Ausstellungen. Hier wird der Hund von sachverständigen Richtern beurteilt und bewertet nach dem Standard und im Vergleich mit anderen Rassevertretern. Die Auseinandersetzung mit dem Standard ist deshalb auch für jeden wichtig, der seinen Hund einmal ausstellen möchte. Auch für potentielle Käufer eines Welpen ist die Kenntnis des Standards von Bedeutung. Wer sich für einen Berner Sennenhund entscheidet, der will ja einen möglichst typischen Vertreter dieser Rasse. Vor der Entscheidung über den Welpenkauf sollte daher die Beschäftigung mit dem Standard stehen. Denn nur der informierte Interessent kann vor dem Kauf die entsprechenden Fragen stellen, die Qualität von Züchter und Zucht-„Produkt" beurteilen und schließlich mit gutem, sicheren Gefühl eine Kaufentscheidung treffen.

Text des Standards

F.C.I.-Standard
Nr. 45 / 12. März 1993
BERNER SENNENHUND
(Dürrbächler)

Ursprungsland: Schweiz
Verwendung: ursprünglich Wach-, Treib- und Zughund auf Bauernhöfen, heute auch Familien- und vielseitiger Arbeitshund
Klassifikation F.C.I.: Gruppe II, Sektion 3, Schweizer Sennenhunde, ohne Arbeitsprüfung

(Es folgt ein kurzer rassegeschichtlicher Überblick, auf dessen Wiedergabe hier verzichtet wird).

ALLGEMEINES ERSCHEINUNGSBILD: langhaariger, dreifarbiger, übermittelgrosser, kräftiger und beweglicher Gebrauchshund mit stämmigen Gliedmassen; harmonisch und ausgewogen.
WICHTIGES MASSVERHÄLTNIS (Format): Verhältnis der Widerristhöhe zur Körperlänge ca. 9:10; eher gedrungen als lang.
CHARAKTER UND VERHALTEN (Wesen): sicher, aufmerksam, wachsam und furchtlos in Alltagssituationen, gutmütig und anhänglich im Umgang mit vertrauten Personen, selbstsicher und freundlich gegenüber Fremden; mittleres Temperament, gute Führigkeit.
KOPF: kräftig; Oberkopf im Profil und von vorn gesehen wenig gewölbt; ausgeprägter, je-

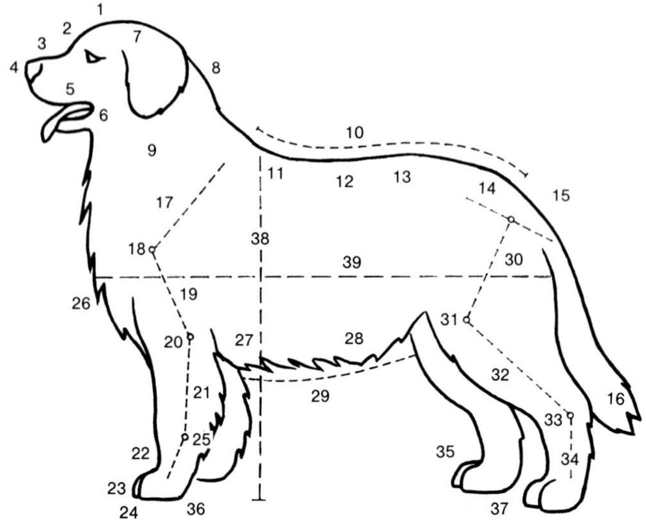

1. Oberkopf
2. Stirnabsatz (Stop)
3. Nasenrücken
4. Nasenspiegel
5. Fang
6. Lefzen
7. Ohransatz
8. Nacken
9. Hals
10. Rückenlinie
11. Widerrist
12. Rücken
13. Lende
14. Kruppe
15. Rutenansatz
16. Rute
17. Schulter
18. Schultergelenk
19. Oberarm
20. Ellbogengelenk
21. Unterarm
22. Vordermittelfuß
23. Vorderpfote
24. Zehen
25. Vorderfußgelenk
26. Vorbrust
27. Unterbrust
28. Bauch
29. Untere Linie
30. Oberschenkel
31. Kniegelenk
32. Unterschenkel
33. Sprunggelenk
34. Hintermittelfuß
35. Hinterpfote
36. Vorderhand
37. Hinterhand
38. Widerristhöhe
39. Länge

doch nicht zu starker Stirnabsatz (Stop); wenig ausgebildete Mittelfurche; kräftiger, mittellanger, gerader Fang.
NASENSPIEGEL: schwarz.
LEFZEN: wenig ausgebildet und anliegend, schwarz.
GEBISS: vollständiges, kräftiges Scherengebiß.
AUGEN: dunkelbraun, mandelförmig, mit gut anliegenden Lidern.
OHREN (Behang): dreieckig, leicht abgerundet, hochangesetzt, mittelgroß, in der Ruhe flach anliegend.
HALS: kräftig, muskulös, mittellang.
KÖRPER: kräftig, kompakt.
BRUST: bis auf Ellenbogenhöhe reichend, breit, mit deutlicher Vorbrust; Rippenkorb von breitovalem Querschnitt.
RÜCKEN: fest und gerade.
LENDENPARTIE: breit und kräftig.
KRUPPE: sanft abgerundet.
BAUCH: nicht aufgezogen.
RUTE: buschig, mindestens bis zum Sprunggelenk reichend, in Ruhestellung hängend, in Bewegung schwebend auf Rückenhöhe oder leicht darüber getragen.
GLIEDMASSEN:
VORDERHAND:
Allgemeines: Stellung eher breit,

von vorne gesehen gerade und parallel.
Schultern: lang, kräftig, schräggestellt, mit dem Oberarm einen nicht zu stumpfen Winkel bildend, anliegend und gut bemuskelt.
Vordermittelfüße: nahezu senkrecht stehend, fest.
Pfoten: kurz, rundlich und geschlossen; Zehen gut gewölbt.
HINTERHAND:
Allgemeines: Stellung von hinten gesehen gerade, nicht zu eng, Hintermittelfüße und Pfoten weder ein- noch auswärts gedreht; Afterkrallen müssen entfernt sein.
Oberschenkel: ziemlich lang, von der Seite gesehen mit dem Unterschenkel einen deutlichen Winkel bildend, breit, kräftig und gut bemuskelt.
Sprunggelenke: kräftig und gut gewinkelt.
Gangwerk: raumgreifender, gleichmäßiger Bewegungsablauf in allen Gangarten; ausgreifender, freier Vortritt und guter Schub aus der Hinterhand; im Trab von vorn und von hinten betrachtet geradlinige Gliedmassenführung.
HAARKLEID: Beschaffenheit des Haares: lang, schlicht oder leicht gewellt.
FARBE DES HAARES: tiefschwarze Grundfarbe mit sattem, braunrotem Brand an den Backen, über den Augen, an allen vier Läufen und auf der Brust, und mit weissen Abzeichen wie folgt:

- saubere weisse symmetrische Kopfzeichnung: Blesse, die sich gegen die Nase hin beidseitig zur weißen Fangzeichnung verbreitert. Die Blesse sollte nicht bis an die Überaugenflecken und die weiße Fangzeichnung höchstens bis zu den Lefzenwinkeln reichen.
- weisse, mässig breite, durchgehende Kehl- und Brustzeichnung.
- erwünscht: weisse Pfoten, weisse Rutenspitze.
- toleriert: kleiner weisser Nackenfleck, kleiner weisser Afterfleck.

GRÖSSE:
Rüden 64 — 70 cm Widerristhöhe, ideal 66 bis 68 cm.
Hündinnen 58 — 66 cm Widerristhöhe, ideal 60 bis 63 cm.
FEHLER: jede Abweichung von den vorgenannten Punkten ist als Fehler anzusehen. Dessen Bewertung muß im Verhältnis zum Grad der Abweichung stehen und mitberücksichtigen, inwieweit Wesentliches beeinträchtigt ist.

- feiner Knochenbau
- Vorbiss und Rückbiss
- Fehlen von anderen Zähnen als höchstens zwei PM 1 (Prämolaren); die M 3 bleiben unberücksichtigt
- Entropium, Ektropium
- Senkrücken, überbaute Kruppe, abfallende Rückenlinie
- Ringelrute, Knickrute
- ausgeprägtes Kraushaar
- Zeichnungs- und Farbfehler
  - fehlende weisse Kopfzeichnung
  - zu breite Blesse und/oder weisse Fangzeichnung, die deutlich über die Lefzenwinkel hinausreicht
  - grosser weisser Nackenfleck
  - weißer Halskragen
  - Weiss an den Vorderläufen, das deutlich über die Mitte des Mittelfusses hinaufreicht (Stiefel)
  - störend asymmetrische Zeichnung an Kopf und Brust
  - schwarze Flecken und Streifen im Brustweiss
  - unsauberes Weiss (starke Pigmentflecken)
  - Braun- oder Rotstich der schwarzen Grundfarbe
- Wesensschwäche, Aggressivität

Von der Bewertung ausschliessende Fehler:
- Spaltnase
- Blaues Auge, Birkauge
- Kurz- oder Stockhaar
- Fehlende Dreifarbigkeit
- Andersfarbiger als schwarzer Mantel

N.B.: Rüden müssen zwei offensichtlich normal entwickelte Hoden aufweisen, die sich vollständig im Skrotum befinden.

Erläuterungen zum Standard

Die folgenden Erläuterungen sollen dem besseren Verständnis einiger Passagen des Standards dienen. Die Reihenfolge entspricht dem Aufbau des Originaltextes.

Allgemeines Erscheinungsbild:

Dieser Passus gibt den Rahmen vor, in den ein ausgewachsener Berner Sennenhund passen muß; er zeichnet die Grundstruktur, der ein Hund entsprechen muß. Natürlich läßt die Beschreibung Raum für unterschiedliche Konstitutionstypen, etwa einen wuchtigeren, massigeren, schwereren (aber nicht: schwerfällig-plumpen) einerseits und einen eher leichteren, rassigen (aber nicht: zierlich-eleganten, feingliedrigen). Es kann nicht jeder Berner Sennenhund gleich aussehen; schließlich handelt es sich um Lebewesen, nicht um Fertigungsprodukte. Wichtig ist die Orientierung am Ideal: das ist ein Hund, bei dem Substanz und Struktur, Größe und Gewicht in einem ausgewogenen, harmonischen Verhältnis stehen. Dazu gehört wesentlich auch die Stämmigkeit der Gliedmaßen. Dünne Beine passen weder zum Gesamttyp des Berner Sennenhundes, noch sind sie geeignet, bei der gegebenen Masse die verlangte Kraft und Beweglichkeit zu gewährleisten. Bei der Beurteilung der Gesamterscheinung wie auch der anatomischen Details (z.B. Kopf) gilt es auch immer, den geschlechtsspezifischen Unterschied zu beachten. Rüden sind naturgemäß größer,

Der idealtypische Berner Sennenhund - Internationaler Champion, vielfacher Ausstellungssieger im In- und Ausland.

Ein ideales Paar: Rüde und Hündin (Vater/Tochter) in geschlechtstypischer Verschiedenheit. (Im Dürrbachgebiet, dem Ursprungsland der Rasse.)

breiter, kräftiger, massiger, kurz: maskulin; Hündinnen sind entsprechend feminin.

Der Begriff „übermittelgroß" definiert sich durch die innerhalb der anerkannten Hunderassen existierenden Extreme (Chihuahua: ca. 20 cm, Irish Wolfshound: ca. 85 cm). Innerhalb dieses Spektrums nimmt der Berner Sennenhund einen Platz oberhalb der Mitte ein. Worüber der Standard keine Aussage macht, ist das Gewicht. Implizit gilt natürlich, daß das Gewicht in ausgewogener Relation zur Größe und zum gesamten Körperbau stehen soll. Als Anhaltswerte können gelten: 35 bis 40 kg bei Hündinnen und 45 bis 50 kg bei Rüden. Wichtig ist, daß Substanz nicht mit Fettleibigkeit verwechselt wird.

Der Terminus Gebrauchshund meint hier nicht einen Hund, der im sportkynologischen Sinne (z.B. zum Schutzhund) ausgebildet ist. Der Begriff bezeichnet hier vielmehr die allgemeine Gebrauchstüchtigkeit des Berner Sennenhundes, seine Fähigkeit, Aufgaben im Sinne seines ursprünglichen Verwendungsbereichs wahrzunehmen. Es ist ganz einfach ein Hund, den man „gebrauchen" kann, der „brauchbar" ist.

Bei der Beurteilung der äußeren Gestalt des Berner Sennenhundes ist zu berücksichtigen, daß es sich um eine langsam wachsende Rasse handelt. Wenn auch wesentliche Aspekte der Struktur — z.B. das Verhältnis von Länge und Höhe oder die Stärke des Knochenbaus — nach einem Jahr festliegen, so dauert es doch in der Regel etwa zwei Jahre — bei besonders langsam reifenden Zuchtlinien noch länger — bis der Hund vollkommen ausgeformt, endgültig „fertig" ist und somit abschließend beurteilt werden kann. Das trifft besonders auf den Schädel zu. Es gibt Hunde, bei denen die Ausformung des Kopfes erst im Alter von drei Jahren vollendet ist. Mit gutem Grund wird daher für die Feststellung der Zuchttauglichkeit (Körung) ein Mindestalter von 18 Monaten (Schweiz: 15) verlangt. Für manchen Berner Sennenhund wäre es sogar besser, man würde ihn nicht zum frühestmöglichen Zeitpunkt ankören lassen. Nicht selten stellt der Körbericht bei einem anderthalbjährigen Hund noch Unfertigkeiten fest, die sich ein halbes Jahr später ausgewachsen hätten.

Wichtiges Massverhältnis:
Auch diese Vorgabe ist im Zusammenhang der Wohlproportioniertheit des Berner Sennenhundes zu sehen. Der Hund soll auf keinen Fall zu lang sein. Sein Markenzeichen ist Kompaktheit. Die Größe wird durch die Wideristhöhe (Schulterhöhe) angegeben. Die Länge bezeichnet den Abstand zwischen Vorbrust und Sitzbeinhöcker. Beim Messen wird natürlich die Felldicke abgezogen. Die bei Körungen seit einiger Zeit nicht mehr gemessene, aber im Hinblick auf die Harmonie des Körperbaus sehr aussagekräftige Brusttiefe bezeichnet den Abstand zwischen dem Widerrist und der Unterseite des Brustkorbes.

Charakter und Verhalten (Wesen):
Der Grad der Führigkeit drückt aus, wie leicht oder schwer sich ein Hund von seinem Menschen führen, das heißt in seinem Verhalten beeinflußen läßt. Gute Führigkeit war für den Berner Sennenhund von alters her ein wichtiges Merkmal. Es ist die zentrale Eigenschaft, die den Berner heute wie damals zu einem guten Gebrauchs-, Familien- und Begleithund macht. Die Formulierung „mittleres Temperament" meint, daß der Hund bei aller Lebendigkeit nicht zu lebhaft und bei aller Ruhe und Gelassenheit nicht zu träge sein soll. Der Begriff Alltagssituation ist natürlich relativ. Der Alltag eines Bauernhundes weist andere Situationen auf als der eines Stadthundes. Entscheidend ist, daß ein Berner Sennenhund alle Situationen seines eigenen, ihm vertrauten Alltags in seiner unmittelbaren Lebensumgebung souverän und gelassen meistert; daß er ferner mit einem allgemeinen Grundstock umgebungsunabhängiger Situationen, z.B. Konfrontation mit fremden Geräuschen, Bewegungen, Gegenständen, oder Begegnung mit fremden Menschen (einzeln oder in Gruppen) problemlos fertig wird; und schließlich, daß er sich auch durch ungewohnte, überraschende Situationen, Ereignisse, Begegnungen nicht nachhaltig irritieren läßt, sondern (nach kurzer Reaktions- bzw. Gewöhnungszeit) unbeindruckt bleibt.

Stärker als bei allen Aspekten des Exterieurs muß beim Wesen das Ideale als das Normale gefordert werden. Bei der Beurteilung von Charakter und Verhalten eines Hundes — insbesondere eines Zuchthundes — sind höchste Ansprüche zu stellen. Natürlich muß dabei die Individualität des jeweiligen Hundes mitberücksichtigt werden. Nicht jeder Berner Sennenhund wird sich in jeder Situation gleich verhalten. Jeder Hund hat eine ganz eigene Persönlichkeit, ein individuelles Wesensprofil als komplexes Resultat aus genetisch disponierten (angeborenen) und konditionierten (erworbenen) Faktoren. Ungeachtet dieser individuellen Charakterunterschiede gibt es zwei Eigenschaften, die für einen Berner Sennenhund als absolut untypisch zu gelten haben und unter keinen Umständen zu tolerieren, durch keine Erklärung zu entschuldigen sind:

Ängstlichkeit und Aggressivität.

Eines kann hier ergänzend gesagt werden: Bellen ist häufig ein mit Wesensanomalie verbundenes Symptom. Ein Berner Sennenhund bellt normalerweise, d.h. ohne besonderen Anlaß, nicht. Nach Art und Zahl sind solche Anlässe gering: Freude (über die Heimkehr seiner Menschen, einen unmittelbar bevorstehenden Spaziergang, ein Spiel) oder Warnung (vor einem/an einen Besucher/Eindringling, vor einer Gefahr für seine Familie/sich selbst). Insbesondere in bezug auf die zuletzt genannte Situation gilt: Je selbstsicherer, je wesensfester ein Hund ist, desto weniger häufig sieht er sich selbst gefährdet, desto seltener bellt er. Ein häufig bellender, kläffender Berner Sennenhund ist ein Widerspruch in sich selbst.

Kopf:

Der Kopf des Berner Sennenhundes ist — in Harmonie mit dem übrigen Körper — kräftig, ohne plump zu sein. Ein zu schwerer Kopf ist ebenso fehlerhaft wie ein zu leichter; ein zu kurzer Fang ist gleichermaßen unpassend wie einer, der zu lang und/oder zu schmal ist. Obwohl der Oberkopf (Scheitel) eigentlich (und wie von den früheren Standard-Versionen verlangt) flach ist, erscheinen Längs- und Querlinie in einem ganz sanften Schwung, wenn die Ohren in Ruhestellung flach anliegen. Werden im Zustand der Aufmerksamkeit die Ohren angehoben und an der Wurzel leicht nach vorne gedreht, erscheint zwischen ihnen von vorne gesehen eine gerade horizontale Kopflinie. Der Begriff Stop (Stirnabsatz) bezeichnet den kurvenartigen Übergang zwischen Nasen- und Stirnbein. Diese Kurve soll weder zu flach noch zu steil sein. Die zwischen den Augen aufsteigende Mittelfurche soll nicht zu tief ausgeprägt sein. Der Schädel ist beim Berner Sennenhund der am langsamsten wachsende Teil der Anatomie. Eine endgültige Beurteilung seiner Form ist in der Regel frühestens nach gut einem Jahr, bei Rüden nicht selten erst im Alter von zwei Jahren oder noch später möglich.

Ein in allen Details vorbildlicher Rüdenkopf.

Nasenspiegel:

Dieser Begriff bezeichnet die weiche, unbehaarte Nasenspitze (Nasenschwamm). Der Nasenspiegel ist, wie auch die Lefzen (Lippen) und die Ballen der Pfoten, bei der Geburt rosa-farben. Erst nach einigen Tagen beginnt der Prozess der Pigmentierung (Schwarzfärbung), der normalerweise nach etwa zwei Monaten (an den Ballen später) abgeschlossen ist. Unvollständige Pigmentierung, das heißt verbleibende rosafarbene Stellen, stört den harmonischen Gesichtsausdruck und gilt hier (wie auch bei den Lefzen) als Mangel.

Gebiß:

Das vollständige Gebiß des Hundes besteht aus 42 Zähnen, und zwar 20 im Oberkiefer, 22 im Unterkiefer. Im einzelnen handelt es sich in jeder der vier Kieferhälften um drei Schneidezähne (Incisivi), einen Eckzahn (Haken- oder Fangzahn; Caninus); vier vordere (Prämolaren) und zwei (unten drei) hintere Backenzähne (Molaren). Die hintersten Backenzähne im Unterkiefer (M 3) bleiben bei der Beurteilung unberücksichtigt, d.h. sie dürfen fehlen. Auch das Fehlen von einem oder (höchstens) zwei der — winzigen — vorderen ersten Backenzähne (Prämolar 1 oder kurz: PM 1), wird noch toleriert. Das Fehlen eines jeden anderen Zahnes gilt hingegen als Fehler.

Beim korrekten Scherengebiß schließen die oberen Schneidezähne scherenartig über die unteren. Als Folge von anormaler Längenentwicklung der Kiefer kommt es gelegentlich zu fehlerhaften Formen des Gebißschlußes: Beim Zangengebiß beißen die oberen Schneidezähne auf die unteren auf. Während diese Anomalie bei der Beurteilung eines Hundes noch toleriert wird, gelten zwei andere Fehlstellungen als Fehler: Beim Vorbiß (Überbiß) ragt der Unterkiefer vor; die unteren Schneidezähne befinden sich vor den oberen. Beim Rückbiß (Unterbiß, Hinterbiß) steht der Unterkiefer zurück; die unteren Schneidezähne stehen mit mehr oder weniger deutlichem Abstand hinter den oberen.

Augen:

Hier muß unterschieden werden zwischen rein ästhetischen Aspekten und solchen, die gesundheitlich relevant sind. Ideal in beiderlei Hinsicht ist das dunkelbraune, mandelförmige Auge mit gut anliegenden Lidern. Ein helles, stechendes, raubvogelartiges Auge wirkt ebenso unschön wie ein rundes, vorstehendes. Als gesundheitlicher Mangel, und deshalb als Fehler, gilt ein nach innen gerolltes Augenlid (Entropium) wie auch das beim „offenen“ Auge nach unten durchhängende, ausgestülpte Unterlid (Ektropium).

Ohren:

Eine „fehlerhafte“ Form oder Haltung des Ohres ist weder funktional noch gesundheitlich von Bedeutung. Sie wirkt sich freilich störend auf die physische und ausdrucksmäßige Harmonie des Kopfes und des Gesichtes aus. Als unschön gilt etwa ein Ohr das (häufig in Verbindung mit einem zu stark gewölbten Oberkopf) zu tief angesetzt ist; auch ein zu langes oder zu schweres Ohr, wie auch ein offenes, nach hinten getragenes Ohr widerspricht dem Schönheitsideal. Bei manchen Hunden, insbesondere bei Rüden, sind die Ohren mit mehr oder weniger langen Haarzotteln befranst (befedert).

Körper:

Auch hier bedarf es nach allem, was bisher gesagt wurde, keiner weiteren Erklärung, außer vielleicht des Hinweises, daß Kraft und Substanz nicht mit Masse, oder gar Übergewicht und Fettleibigkeit verwechselt werden darf.

Brust:

Ein wesentliches, auch funktionales Merkmal des Berner Sennenhundes ist seine mächtige, breite, nach unten und nach vorne gut ausgebildete Brust (Unterbrust; Vorbrust). Die Form der Brust steht im Zusammenhang mit der gesamten Körper-Harmonie, aber auch mit Stellung und Bewegung der Vorderläufe. Ein zu breiter, extrem tonnenförmiger Brustkorb bewirkt — oft in Zusammenwirken mit Mängeln des Gelenk- und Bänderapparates — einen zu weiten, faß- oder O-beinigen Stand, mit nach außen gedrehten Ellbogen und einwärts gedrehten Pfoten, was automatisch auch zu einem unharmonischen und orthopädisch bedenklichen Bewegungsablauf führt. Schmalbrüstigkeit, d.h. ungenügende Wölbung des Brustkorbes, resultiert dagegen in einem zu engen, bisweilen X-beinigen (französischen) Stand.

Rücken:

Der Rücken ist entsprechend der Harmonie der gesamten Proportionen breit. Auf Druck gibt er nur wenig nach. Er hängt weder durch (Senkrücken) noch ist er nach oben gewölbt (Karpfenrücken). Da das Höhenwachstum vorne und hinten in zumeist unsynchronen Schüben verläuft, erscheint bei Junghunden normalerweise das hintere Ende eine Zeitlang als zu hoch. In den meisten Fällen wächst sich dieser Zustand aus. Manche Hunde bleiben allerdings auch nach abgeschlossenem Skelettwachstum in der Hinterhand etwas höher (überbaut), das heißt, die Rückenlinie steigt nach hinten im Kruppenbereich leicht an. Diese Erscheinung, die häufig mit einer ungenügenden Winkelung des Kniegelenkes einhergeht, wird optisch noch verstärkt, wenn das Fell im Bereich der Kruppe stärker gewellt ist und deshalb voluminöser wirkt. Auf keinen Fall darf die sogenannte Rückenlinie, d. h. die Linie vom Widerrist bis zum Ende der Kruppe, nach hinten abfallen.

Bauch:

Die Unterlinie soll nach hinten nur sanft ansteigen, nicht steil nach oben (aufgezogen) verlaufen.

Rute:

Häufiger, unschöner Fehler ist eine zu hoch getragene, oft sichelartig über den Rücken gebogene Rute. Natürlich darf die Rute im Erregungszustand nach oben gehen, etwa bei der Begegnung mit anderen Hunden. Eine ausgesprochene Ringelrute, auch wenn sie nicht über den Rücken getragen wird, gilt jedoch ebenso als Fehler wie eine Knickrute (Deformation eines Schwanzwirbels).

Gliedmassen:

Gerade und parallele Stellung der Beine, ausreichende Knochenstärke, angemessene Winkelung der Gelenke, stabile Bänder sowie ausgeprägte Bemuskelung sind essentiell für die Funktionalität des Bewegungsapparates. Nur das optimale Zusammenwirken all dieser Faktoren gewährleistet die für den Hund lebenswichtige Beweglichkeit bei

Vorzüglicher Bewegungsablauf im Trab.

voller Gesundheit. Orthopädische Auffälligkeiten führen in aller Regel früher oder später zu einer Beeinträchtigung der Befindlichkeit und in der Folge zu einer Einschränkung der Funktionstauglichkeit des Hundes. Beispielhaft seien hier einige der gravierenderen Fehler genannt.

Vorderhand: nach außen oder nach innen gedrehte Ellbogen; ausgedrehte oder eingedrehte Pfoten; zu weiches, bereits im Stand durchgedrücktes Vorderfußwurzelgelenk (weiche Fessel); offene Pfote (Spreizzehen) oder zu flache, längliche Pfote (Hasenpfote).

Hinterhand: ausgedrehte (seltener: eingedrehte) Pfoten; ausgedrehte Hintermittelfüße und Pfoten, mit gleichzeitig eingedrehten Hacken (kuhhessiger Stand); zu eng stehende Hacken (Sprunggelenke) und Hintermittelfüße (hackenenger Stand).

Gangwerk: Alle genannten Stellungsfehler der Gliedmaßen beeinträchtigen den vom Standard zu Recht nachdrücklich geforderten raumgreifenden und gleichmäßigen, d.h. natürlichen Bewegungsablauf in allen Gangarten (Schritt, Trab, Galopp). Viele Berner Sennenhunde, insbesondere solche, die zu dick sind, neigen zum Paßgang. Dabei werden die Beine nicht, wie im Trab, diagonal versetzt bewegt, sondern seitenweise parallel, d. h. Vorder- und Hinterlauf einer Seite gleichzeitig nach vorn, dann die andere Seite entsprechend. Im langsamen Schrittempo ist dieser Gang normal. Bei zunehmender Geschwindigkeit ist der Paßgang jedoch unharmonisch und untauglich: er ermöglicht weder freies, weites Ausgreifen der Vorderhand (Vortritt) noch kraftvoll federndes Abstoßen der Hinterhand (Schub). Bei den Afterkrallen (Wolfskrallen) handelt es sich um die fünften Zehen, die sich an der Innenseite der Hinterläufe befinden. Es sind Entwicklungsrelikte, die ohne Funktion sind und den Hund beim Laufen eher behindern. Sie werden deshalb wenige Tage nach der Geburt abgeschnitten. Dagegen werden die entspechenden Zehen an den Vorderpfoten belassen.

Haarkleid:

Das Haar des Berner Sennenhundes ist kräftig und lang, mit feiner Unterwolle. Rüden sind in der Regel länger und üppiger behaart, besonders im Bereich der Brust. Ist zudem die Brusthaut (Brustwamme) reichlich ausgebildet, dann sieht es in der Bewegung aus, als schwinge ein weißer Latz hin und her. Typisch für den Berner Sennenhund ist auch eine sehr dichte Behaarung an der Rückseite der Oberschenkel (Hosen), sowie Fransen (Fahnen) an der Rückseite der Vorderbeine und an den Ohren. Oberkopf einschließlich der Ohrlappen, Gesicht und Vorderseite der Beine haben kurzes, glattes Fell. Das Langhaar kann von unterschiedlicher Beschaffenheit sein: schlicht (glatt), verschiedengradig (von ganz leicht bis stark) gewellt oder sogar gelockt. Ebenso wie andere Merkmale läßt sich auch eine bestimmte Haarstruktur, etwa lockiges Fell, in einzelnen Zuchtlinien erkennen. Je deutlicher das Haar in den Bereich der Lockung fällt, desto untypischer (und unschöner) ist es und umso näher rückt es an die Kategorie des Fehlerhaften. Extrem kleingelocktes Fell (Kraushaar) gilt als Fehler.

Farbe:

Dreifarbigkeit (schwarz, weiß, rotbraun) ist eines der distinktiven Merkmale des Berner Sennenhundes und wesentlicher Bestandteil seiner Identität. Die Positionierung der Farben und ihre quantitative Verteilung ist durch den Standard weitgehend normiert. Insgesamt wird eine möglichst symmetrische und harmonisch proportionierte Zeichnung gefordert. Bestimmte Abweichungen werden zwar noch toleriert, z.B. ein etwas heller Brand, vereinzelte dunkle Pigmentflecken im Weiß der Nasenblesse (Sommersprossen), ein paar schwarze Flecken im Braun, z. B. an den Pfoten (rußiger Brand), ein kleiner weißer Nackenfleck, ein kleiner heller Fleck im braunroten Analbereich (Afterfleck) usw. Insgesamt aber, und besonders hinsichtlich des Weißanteils, sind die Bestimmungen des Standard sehr restriktiv.

Es fällt nicht leicht, Zeichnungsfehler in einer Reihe zu sehen mit gravierenden Beeinträchtigungen der Funktionstauglichkeit, der Gesundheit oder des Wesens.

Zwar verfremdet ein zu hoher Weißanteil, insbesondere im Gesicht, das Aussehen des Berner Sennenhundes tatsächlich in untypischer Weise. Das gilt natürlich ebenso für einen zu geringen Weißanteil, der dem Hund einen finsteren, düsteren Ausdruck verleiht. Gerade weil aber die symmetrische und ausgewogene Weißzeichnung dem Berner Sennenhund das so besondere, attraktive Aussehen gibt, besteht auch die Gefahr, daß der Zeichnung bisweilen eine dominierende Rolle zukommt. Deutliches Beispiel hierfür ist etwa der in früheren Fassungen des Standards geforderte weiße Bruststern, der als „Schweizer Kreuz" interpretiert auch heute noch vielfach als Ideal betrachtet wird. Es wäre sicher kein Fehler, sich in diesem Zusammenhang auch wieder einmal auf eine Passage aus der Schrift von Albert Heim zu erinnern, die da lautet: „Soll man auf bestimmte Grössen der Farbabzeichen und strengste Farbsymmetrie züchten? Nein, dreimal nein! Viel lieber wollen wir, dass ein Hund vom andern noch verschieden ist, der eine etwas mehr, der andere weniger weiss hat. Das Ideal liegt nirgends in der Gleichheit Aller. Treiben wir die Schönheit nicht bis zur Langeweile! Eine gewisse Mannigfaltigkeit innerhalb einheitlichen Gesetzes soll bleiben. Guter Bau und schöne Durchführung des Typus sind die Hauptsache."

Fehler:

Das hier formulierte Verständnis des Begriffes Fehler soll Gewähr bieten, daß bei der Beurteilung eines Hundes die Kritik einzelner Merkmale in Bezug gesetzt wird zum Gesamtbild und dessen wesentlichen, tragenden Komponenten. Auf diese Weise soll der Gesamterscheinung des Hundes Rechnung getragen und es soll verhindert werden, daß ein Hund aufgrund eines oder mehrerer isolierter Einzelaspekte bewertet bzw. abgewertet wird.

In der Praxis führt das Vorliegen eines der genannten Fehler — entweder schon an sich (z. B. Gebiß-, Augenfehler) oder bei entsprechend starker Ausprägung (z. B. Zeichnungsfehler) — zum Zuchtausschluß für den betreffenden Hund.

Von der Bewertung ausschliessende Fehler:

Hunde, die Fehler aufweisen, sind immer noch Berner Sennenhunde, wenn auch solche von „minderer" Qualität im Sinne des Standards. Hunden mit Merkmalen aus dieser letzten Kategorie muß hingegen die Identität als reinrassige Berner Sennenhunde abgesprochen werden; sie werden deshalb bei einer Ausstellung oder Körung gar nicht erst bewertet.

N.B.:

Ein Rüde, bei dem nicht beide Hoden im Skrotum (Hodensack) tastbar sind, ist zwar noch immer ein — in jeder anderen Hinsicht möglicherweise idealer — Berner Sennenhund. Traditionell bleibt jedoch ein mit (einoder beidseitigem) Kryptorchismus behafteter Hund von Ausstellungen/Bewertungen ausgeschlossen.

Typisches Berner Wesen.

Kapitel Vier

DER BERNER SENNENHUND-WELPE

Welpenkauf: Zwei Grundsätze

Zuchtvereine — Zuchtbestimmungen

Wahl des Züchters

Wahl des Welpen

Der Abschied

Die Ankunft zu Hause

Vor dem Abschied ins neue Heim. Was wird die Zukunft für den Kleinen bringen?

Welpenkauf: Zwei Grundsätze

„Bis daß der Tod euch scheidet“

Wer einen Berner Sennenhund-Welpen zu sich nimmt, begründet wissentlich und willentlich eine Lebensgemeinschaft. Anders als zwischen zwei Menschen gründet die Verbindung Mensch-Hund auf einem einseitigen Willensakt. Der Mensch nimmt den Hund in totale Abhängigkeit, ohne dessen Zustimmung zu erfragen. Er erwartet dabei, oder akzeptiert es doch wie selbstverständlich, daß der Partner Hund ihm (s)ein Leben lang uneingeschränkt ergeben ist und ihm bedingungslose Treue entgegenbringt. Dieselbe Treue darf der Hund deshalb auch von seinem Menschen erwarten. Es gibt nur ganz wenige, außergewöhnliche Gründe, die das Aufkündigen der Lebensgemeinschaft (oder deutlicher: das Abschieben des Hundes) durch den Menschen rechtfertigen. Berufliche Veränderung oder Wohnungswechsel gehören nicht dazu. Die Geburt eines Kindes auch nicht. Verhaltensstörungen (in der Regel ohnehin erziehungsbedingt) oder Gesundheitsprobleme (normales Lebensrisiko) beim Hund scheiden ebenfalls aus. Im Grunde gibt es nur drei legitime Gründe, sich von einem Hund zu trennen: (1) sachverständig diagnostizierte, außergewöhnlich schwere Aggressivität oder (2) euthanasiewürdiger Krankheitszustand des Hundes oder (3) durch Krankheit bzw. Unfall bedingte Unfähigkeit des Menschen, den Hund weiterhin angemessen versorgen zu können. Im Normalfall aber gilt die Forderung: „Bis daß der Tod euch scheidet“.

„Drum prüfe, wer sich ewig bindet“

Die Bedeutung dieses zweiten Leitsatzes ist nach dem oben Gesagten offensichtlich. Die Prüfung, die es vor dem Kauf eines Berner Sennenhund-Welpen anzustellen gilt, beinhaltet vier Fragen: 1. Will man überhaupt einen Hund? 2. Will man einen Berner Sennenhund? 3. Wo kauft man einen Berner Sennenhund-Welpen? 4. Welchen Welpen wählt man aus? Es darf an dieser Stelle davon ausgegangen werden, daß man die ersten beiden Fragen nach gründlicher Prüfung positiv für sich beantwortet hat. Auch bei der Prüfung der anderen beiden Fragen ist eine der Sache angemessene Umsicht selbstverständlich. Wenn man einerseits vor dem Kauf eines Autos Bekannte über ihre Erfahrungen befragt, wenn man Testberichte liest und Modell-Vergleiche anstellt, wenn man Garantiebedingungen studiert und Händler mit Bedacht auswählt, dann sollte man wenigstens die gleiche Sorgfalt auch beim Kauf eines Welpen an den Tag legen.

Zuchtvereine — Zuchtbestimmungen

Wo kauft man einen Berner Sennenhund-Welpen? Die Antwort lautet: auf jeden Fall bei einem Züchter, der Mitglied eines von der nationalen kynologischen Organisation seines Landes anerkannten Rassezuchtvereins ist. Diese der Fédération Cynologique Internationale (F.C.I.) angehörenden Organisationen sind im deutschsprachigen Raum der Verband für das Deutsche Hundewesen (VDH), die Schweizerische Kynologische Gesellschaft (SKG) und der Österreichische Kynologenverband (ÖKV). Einen Berner Welpen kauft man nicht im Pet-Shop, nicht beim Versandhandel, nicht in einer Massenzuchtanlage, nicht bei jemandem, der „Süße Welpen, verschiedene Rassen" in der Tagespresse inseriert, nicht auf irgendeinem beliebigen Bauernhof (selbst wenn dieser in schweizerischer Berg-Idylle gelegen wäre), nicht in irgendeinem Souterrain oder Hinterhof, und auch nicht zum Sonderpreis. Einen Berner Welpen kauft man auch nicht unbedingt „um die Ecke". Trotz aller Vorteile, die räumliche Nähe bietet, darf Entfernung bei der Auswahl des Züchters keine Rolle spielen. Wer einen Lebenspartner für das nächste Jahrzehnt haben will, der muß auch bereit sein, zwei oder drei Wochenendfahrten zu investieren. Welpen guter Züchter müssen in der Regel nicht per Inserat zum Verkauf angeboten werden; sie sind schon kurz nach der Geburt (nicht selten lange davor) vergeben. Gelegentliche Anzeigen in der kynologischen Fachpresse sind die Ausnahme. Hinweise wie „mit VDH-Papieren" oder „SKG-kontrollierter Zwinger" geben in solchen Fällen eindeutige Auskunft über die Verbandszugehörigkeit des Züchters. Eine Aussage wie „mit Papieren" oder „mit Stammbaum" oder „reinrassig" besagt gar nichts; eine Ahnentafel kann jeder, der will, selber ausstellen. Im Zweifelsfall ist sie das Papier nicht wert, auf dem sie gedruckt ist. Ein Stammbaum ist nur dann aussagekräftig, wenn er zuverlässig nachprüfbar über die Vorfahren des Hundes Auskunft gibt. Das aber ist nur gewährleistet, wenn der Hund in das Zuchtbuch eines anerkannten Rassevereins eingetragen ist.

Der Kauf bei einem anerkannten Züchter (statt bei einem sogenannten Dissidenz-Züchter) bietet eine Menge von Vorteilen. Die Zucht von Berner Sennenhunden innerhalb eines anerkannten Rassevereins unterliegt strengen Qualitätsanforderungen. Das beginnt bei den räumlichen und hygienischen Voraussetzungen der Zuchtstätte. In der Schweiz gibt es sogar ein besonderes Gütezeichen, das bei Erfüllung eines besonders hohen Anforderungsprofils von der SKG verliehen wird.

Ein wesentliches Element im Hinblick auf den Erhalt bzw. die Verbesserung der Rasse ist die sorgfältige Selektion der Zuchttiere. Alle zur Zucht verwendeten Berner Rüden und Hündinnen müssen eine Zuchttauglichkeitsprüfung (Körung) ihres Vereins absolvieren. Die Ergebnisse dieser Prüfung auf Form und Wesen werden in einem „Körbericht" detailliert protokolliert. Zulassungsvoraussetzungen und Modalitäten der Körung sind in den einzelnen Vereinen unterschiedlich geregelt. In der Schweiz z. B. werden die Hunde einer besonders gründlichen und strengen Wesensprüfung unterzogen, die auch hierzulande als Vorbild dienen könnte. Als eine in allen deutschsprachigen Ländern gleichermaßen geltende Bedingung muß jeder Hund röntgenologisch auf Hüftgelenksdysplasie (HD) untersucht werden (siehe Kapitel „Gesundheit"). Nur Hunde mit unbedenklichem Befund dürfen zur Zucht eingesetzt werden. Der schweizerische KBS verlangt seit kurzem erfreulicherweise auch eine Röntgenuntersuchung auf Ellbogendysplasie (ED).

Ein weiteres ist wichtig. Da es bei kommerziellen Hunde-Vermehrern in erster Linie auf hohe Produktionsleistung ankommt, werden Hündinnen häufig rücksichtslos als Gebärmaschinen mißbraucht. Nach den

Zuchtstatuten der Berner Rassevereine darf eine Hündin nicht vor Erreichen eines bestimmten Mindestalters (15 bzw. 18 Monate) belegt werden. Pro Kalenderjahr darf aus einer Hündin nur ein Wurf gezogen werden. In Deutschland und Österreich dürfen Hündinnen nur bis zur Vollendung des achten Lebensjahres zur Zucht verwendet werden. Bei allem Respekt vor dem angegebenen Motiv (Schutz der Hündin) sollte man hier aber doch einmal prüfen, ob es angesichts der anzunehmenden Vererbbarkeit von Langlebigkeit nicht gerechtfertigt wäre, auch älteren Hündinnen, sofern sie sich in gutem Allgemeinzustand befinden, noch einen Wurf zu genehmigen. In der Schweiz besteht eine Altersbegrenzung aus eben diesem Grunde übrigens nicht. Hingegen beschränkt man dort neuerdings die Zahl der einem Rüden gestatteten Deckakte. Angesichts der erblichen Bedingtheit bestimmter rassespezifischer Krankheiten einerseits und wegen der übermäßig häufigen Zuchtverwendung einzelner Rüden andererseits (Problem der mangelnden genetischen Vielfalt) ist diese Maßnahme zur Nachahmung sehr empfohlen.

Eine Beschränkung bezüglich der Wurfgröße gibt es in den Zuchtbestimmungen hierzulande glücklicherweise nicht mehr. Anders in der Schweiz. Dort durften traditionell höchstens sechs Welpen aus einem Wurf aufgezogen werden. „Überzählige“ Welpen wurden euthanasiert, selbst wenn sie gesund, vital, kräftig und schön waren. Auch bei kleineren Würfen kam es häufig vor, daß Welpen „abgetan“ wurden, z. B. wenn sie gravierende Zeichnungsfehler aufwiesen. Eine derart willkürliche Selektion („Ausmerze“) von Welpen ist unter ethischem Aspekt verwerflich und aus genetischer Sicht mehr als töricht. Angesichts jüngster tierschutzrechtlicher Entwicklungen darf erfreulicherweise davon ausgegangen werden, daß der KBS sein Beharren auf Euthanasie auch offensichtlich gesunder Welpen endlich ganz wird aufgeben müssen. Als erstes Zugeständnis wird seit 1993 die Aufzucht von acht Welpen toleriert.

Einen wichtigen Beitrag zur qualitätsorientierten Reinzucht leisten die Rasse-Clubs auch dadurch, daß sie ihre Mitglieder in allen Fragen der Zucht, der Aufzucht und der Haltung informieren, beraten und nach Maßgabe der Vereinsstatuten auch kontrollieren. Bestandteil der Zuchtaufsicht ist beispielsweise die Kontrolle jedes Wurfes durch einen Zuchtwart (Wurfkontrolleur) des Vereins. Er begutachtet und protokolliert den Wurf wenige Tage nach der Geburt und erneut im Alter von etwa acht Wochen. Beim zweiten Besuch wird auch die Identifikationsnummer ins Ohr tätowiert. Der Zuchtwart überwacht die ordnungsgemäße Unterbringung der Hunde, ihren Ernährungs- und Pflegezustand. Er stellt etwa bereits erkennbare zuchtausschließende Fehler (z. B. Kryptorchismus) fest und erteilt gegebenenfalls Zuchtverbot; er kontrolliert auch, ob der Welpe die erforderliche Erstimmunisierung gegen Staupe, Hepatitis und Leptospirose und Parvovirose (SHLP) erhalten hat. Nach den Statuten werden Welpen nicht vor vollendeter achter (Schweiz: zehnter) Lebenswoche abgegeben. Sie müssen bei Abgabe entwurmt, schutzgeimpft und tätowiert sein.

Insgesamt also, so muß man anerkennend sagen, leisten die

Zuchtvereine einen ganz wesentlichen Beitrag zum Erhalt und zur Verbesserung der Rasse im Hinblick auf Gesundheit, Wesen und äußere Erscheinung. Als Ergebnis all dieser Leistungen erhält der Käufer einen Welpen gewissermaßen mit Prüfstempel und Gütesiegel. Es versteht sich von selbst, daß soviel Sorgfalt bei der „Herstellung" und soviel Qualitätskontrolle ihren Preis hat. Einen Berner Sennenhund-Welpen aus seriöser Züchterhand bekommt man daher nicht im Sonderangebot, auch wenn obskure Zeitungsinserate gelegentlich „schön gezeichnete Berner Sennen" für ein paar Hundert Mark feilbieten. Über das jeweils aktuelle Preisniveau geben die Zuchtvereine Auskunft.

Wahl des Züchters

Erste Hilfe bei der Suche nach einem seriösen Züchter bieten natürlich die Zuchtvereine selbst. Sie unterhalten Welpenvermittlungsstellen, die jederzeit Auskunft geben können über gefallene bzw. kurz bevorstehende Würfe (Adressen im Anhang).

Die strengen Zuchtbestimmungen und die effiziente Überwachung ihrer Einhaltung durch die Rasse-Clubs bietet Gewähr für ein einheitliches, relativ hohes Qualitätsniveau von Züchtern und Zucht. Im Prinzip also sollte man einen Welpen vertrauensvoll bei jedem Züchter kaufen können, der unter dem Siegel einer der genannten Organisationen züchtet. Freilich gibt es auch hier Unterschiede. Züchterische Motive, kynologisches Wissen, Engagement bei der Aufzucht der Welpen, Interesse an deren künftigem Leben, Kompetenz in Erziehungsfragen usw. sind nicht bei jedem Züchter gleich. Es empfiehlt sich also durchaus, nicht übereilt dort einen Welpen zu kaufen, wo gerade ein Wurf vorhanden ist. Vergleiche anzustellen ist sinnvoll und legitim.

Eine ausgezeichnete Gelegenheit, sich einen ersten Eindruck von Züchtern und ihren Hunden zu verschaffen, sind Ausstellungen. Hier trifft man Experten, die man zu allen Aspekten der Rasse, ihrer Haltung, Erziehung, Ernährung, Pflege usw. befragen kann. Hier kann man sich ein Bild machen von dem Hundetyp, der einem am besten gefällt. Es ist erstaunlich, welche Familienähnlichkeit man entdecken kann, wenn man sich offenen Auges umsieht. Hier kann man auch in aller Ruhe Züchter im Umgang mit ihren Hunden beobachten. Wie behandelt dieser seinen Hund? Wie vertrauensvoll verhält sich der Hund jenem gegenüber? Wer hat seinen Hund so erzogen, daß er sich gelassen die Zähne anschauen läßt? Wessen Hund knurrt andere an? Welcher Hund klemmt den Schwanz ein? Wer läßt seinen Hund stundenlang alleine in der Box zurück? Wer gibt offen und geduldig Auskunft? Wer redet schlecht über andere Züchter oder Hunde? Wer lobt sich selbst und seine eigenen Hunde über den grünen Klee? Bei einer Ausstellung präsentiert der Mensch nicht nur seinen Hund, sondern auch sich selbst.

Man sollte durchaus auch mehrere Zuchtstätten besuchen, unabhängig davon, ob dort gerade ein Wurf zu sehen ist oder nicht. Bei vielen Züchtern gibt es Welpen ohnehin nur auf Vorbestellung. Bei einem solchen Besuch kann man sich einen Eindruck verschaffen vom Züchter, von dessen Hunden, von den räumlichen Bedingungen usw.

Wenn es etwas zu futtern gibt, sind Welpen immer voll konzentriert. Und die Eltern blicken stumm auf dem ganzen Hof herum.

Man sieht, ob die erwachsenen Hunde etwa in einem sterilen Zwinger untergebracht sind, ob die Welpen abseits in einem Stall aufwachsen und nur zu Fütterungszeiten menschlichen Besuch bekommen oder ob sie freien Auslauf auf der Wiese und engen Familienanschluß haben und ob ihnen ein „Erlebniszwinger“ mit allerlei interessantem und lehrreichem Spielmaterial zur Verfügung steht. Man erfährt, wie der Züchter mit seinen Hunden lebt und umgeht, wie er sie pflegt und füttert, was er mit ihnen unternimmt. Man erkennt, wie gut oder schlecht die Hunde sozialisiert und erzogen sind. Man erfährt auch, was er mit den Hunden macht, die sich zur Zucht nicht oder nicht mehr eignen: behält er sie bei sich oder verkauft er sie etwa? Aus all diesen Beobachtungen kann man schließen, ob im Falle später auftretender Fragen und Probleme der Züchter bereit und in der Lage ist, kompetenten Rat und gegebenenfalls auch effiziente Hilfe zu geben.

Man kann (und soll) sich auch das Zuchtprogramm erklären lassen: warum wählt der Züchter diesen Rüden für jene Hündin? Welche Erfahrungen mit dieser und anderen Paarungen hat er gemacht? Man kann sich Kör- und Ausstellungsberichte zeigen lassen und Fotoalben durchblättern. Welche Geschichten weiß der Züchter über seine Hunde zu erzählen? Was kann er von ihnen im Sinne einer Nachzuchtkontrolle berichten? Was ist aus seinen bisherigen Welpen geworden? Welche Erfahrungen haben frühere Käufer mit seinen Hunden gemacht? Wie alt sind die Hunde geworden? Woran sind sie gestorben? Diese Dinge sind für den Käufer und „seinen“ Hund allemal bedeutsamer als noch so viele Sieges-Zertifikate. Es ist schließlich wichtiger, der eigene Hund hat

Vorfahren, die möglichst alt geworden sind, als solche, die Champions waren und früh an einer rassespezifischen Erbkrankheit starben. Durch Fragen der genannten Art erfährt man etwas über die Professionalität des Züchters, erkennt, ob er etwas von dem versteht, was er sich da zum Hobby gemacht hat, oder ob er nur eben „zufällig" einen Wurf hat, um seinen Kindern eine Freude zu machen oder seiner Hündin etwas (vermeintlich) Gutes zu tun oder um die Urlaubskasse aufzubessern. Gewiß kann die Hundezucht durchaus auch ein lohnendes Zubrot darstellen. Voraussetzung dafür ist aber, daß sie im guten Sinne professionell, das heißt engagiert, kompetent, qualitätsorientiert und verantwortungsbewußt geleistet wird.

Wer mit offenen Augen und Ohren mehrere Züchter besucht, der wird bald erkennen, wem er sein Vertrauen geben möchte. Diesen Züchter wird er letztlich fragen, ob er bereit ist, ihm einen Welpen anzuvertrauen. Ja, ganz richtig: Ob man einen Welpen bekommt, ist nicht nur eine Frage der eigenen Kaufentscheidung. Ein Welpe ist keine Ware, die feilgeboten wird und die zu erwerben man deshalb einen Anspruch hätte. Wer einen Berner Welpen haben möchte, der muß auch das Vertrauen des Züchters genießen. Er muß es sich gefallen lassen (er sollte es sogar erwarten), daß dieser ihn auf Herz und Nieren prüft, daß er von ihm Auskunft verlangt über seine Kaufmotive, seine Lebensumstände (Familie, Beruf, Wohnung usw.), seine Erfahrung mit Hunden, seine Eignung speziell für einen Berner Sennenhund, kurz: Welpenkauf ist Vertrauenssache in doppelter Richtung. Und wenn man sich selbst das Recht nimmt, mehrere Züchter zu prüfen und sich letztlich für einen zu entscheiden, dann muß man dieses Recht in gleicher Weise auch dem Züchter zugestehen. Auch der hat bestimmte Kritierien, nach denen er Menschen beurteilt und prüft, ob sie sein Vertrauen verdienen. Er verkauft mit dem Welpen kein beliebig produzierbares und ersetzbares Industrieerzeugnis, sondern ein Lebewesen, an dem in erster Linie (hoffentlich) nicht sein finanzielles Interesse, sondern sein Herz hängt. Der Züchter trägt die Verantwortung für seine Welpen; aber nicht Verantwortung für deren „Funktionstauglichkeit" und „Haltbarkeitsdauer" sondern für ihr Wohlergehen. Diese Verantwortung trägt er zunächst einmal bis zum Zeitpunkt der Übergabe. Er trifft deshalb auch die Entscheidung, an wen diese Übergabe erfolgt, und zu welchen Bedingungen.

Wahl des Welpen

Wer auf Welpensuche geht, wird eine Frage vorab für sich klären: Soll es ein Rüde oder eine Hündin sein. Die Bedeutung dieser Frage wird häufig überschätzt. Bezüglich der beiden Geschlechter werden oft Unterschiede geltend gemacht, die eigentlich gar nicht existieren oder die doch nicht so gravierend sind, wie behauptet wird. Im Grunde reduziert sich die Angelegenheit auf die Frage, wie man zu der zweimal im Jahr einsetzenden Läufigkeit der Hündin steht; für wie gewichtig man die mit der Hitze einhergehenden Begleitumstände betrachtet. Diese Umstände sind bekannt: hormonell bedingte Veränderung der körperlichen und der psychischen Befindlichkeit der Hündin und, daraus resultierend, auch eine Veränderung ihres Verhaltens. Konkret für den Menschen erfahrbare Auswirkungen sind in diesem Zusammenhang: blutiger Ausfluß aus der Scheide; häufiges Urinieren (markieren); unruhiges Verhalten; intensives Interesse für Rüden; Aggressivität gegen andere Hündinnen; Tendenz zur Verselbständigung, zu Alleingängen; Abwendung von ihren Menschen; die Hündin wird „schwierig"; hinzu kommt, daß sie während dieser Zeit eine ungeheure Anziehungskraft auf Rüden ausübt. Manche Hündinnen werden auch gelegentlich oder regelmäßig scheinträchtig. Wer sich das alles ersparen will, soll mit seinem Tierarzt besprechen, ob man die Läufigkeit jeweils durch Hormongaben unterdrückt oder auf Dauer durch Kastration ausschließt.

Rüden sind größer, schwerer, stärker. Für den einen mag dies ein kaufentscheidender Faktor sein, für den anderen nicht. Wohnt eine Hündin in der Nachbarschaft, so gilt für den Rüdenbesitzer für die Dauer ihrer Brunstzeit das Gebot erhöhter Wachsamkeit. Ungewollter Nachwuchs ist für niemand Grund zur Freude. Rüden heben das Bein: am Rosenstrauch, an der serbischen Fichte, an jeder Ecke, an jedem Maulwurfshügel. Hündinnen setzen Pfützchen. Nicht viele, aber große. Der Interessent muß sich entscheiden: lieber abgestorbene Fichtenzweige oder gelbe Flecken auf dem Rasen. Im Grunde eine Frage von unerheblicher Bedeutung.

Rüden sind stur, wild, dickköpfig, dominant, renitent. Hündinnen sind lieb, sanft, willfährig, brav, leicht beeinflußbar, von natürlicher Unterordnungsbereitschaft. Also sind Hündinnen leichter zu erziehen als Rüden. So spricht der Volksmund. Und natürlich ist da etwas Wahres dran. Aber eben nur etwas. Berner Sennenhunde sind in der Regel aufgrund ihres ererbten Wesens von ausgeglichenem Temperament. Sie sind aber gleichzeitig, wie alle anderen Hunde auch, Rudeltiere. Sie ordnen sich demjenigen unter, der die Alpha-Position besetzt hält, der Führungsqualitäten zeigt. Das ist eine Frage der Autorität; deren Anerkennung aber ist nicht geschlechtsbedingt. Es ist zwar zutreffend, daß ein Rüde eher eine Tendenz zu dominantem Verhalten zeigt als eine Hündin. Und natürlich ist es auch ein Unterschied, ob ein Rüde oder eine Hündin an der Leine zerrt, ein Unterschied von möglicherweise 20 kg mit entsprechend höherer Zugkraft. Nur, wer es so weit kommen läßt, hat selber Schuld. Zum Zeitpunkt, wo man einen Berner Sennenhund, ob Rüde oder Hündin, lehrt, an der Leine „Bei-Fuß" zu gehen, ohne zu zerren, spielt das Körpergewicht noch keine Rolle.

Bleibt die Sache mit der Anhänglichkeit. Wenn man dem Volksmund glauben wollte, wären Rüden von vornherein allein aufgrund ihres Geschlechts weniger menschenbezogen, weniger anhänglich, sensibel, anschmiegsam als Hündinnen. Aber es ist hier ein bißchen wie mit den traditionellen Geschlechterrollen bei den Menschen. Männer dürfen nicht weinen; sie können mehr einstecken und auch mehr austeilen; sie dürfen sich wehren. Männer sind stark und zeigen keine Gefühle. Anders gesagt: Rüden sind eigenwillig, robust, hart, einzelgängerisch, kämpferisch; etwas anderes wird von ihnen gar nicht erwartet und deshalb werden sie oft auch so behandelt. Die Wirklichkeit zeigt, daß ein Berner Rüde genauso zärtlich, so sensibel, so anschmiegsam, so verschmust, so sanft sein kann im Umgang mit seinen Menschen wie eine Hündin. Es ist immer die Frage, wie man ihn gewollt und gemacht hat. Es ist der liebevolle Umgang mit seinen Menschen, der selbst einen (wenn es darauf ankommt) macho-haften Berner Deckrüden zum würdevoll-tolpatschigen Softie machen kann.

Es gibt also gar nicht so viele gewichtige Unterschiede zwischen Hündinnen und Rüden. Damit aber wird die Frage der Wahl weitgehend zu einer Sache der persönlichen Präferenz. Es gibt Menschen, denen das etwas Größere, Mächtigere, Stärkere, Imposantere, Handfestere, eben das Maskuline an einem Hund besser gefällt als das eher Kleinere, Zierliche, Schwächere. Wer sich aber erst einmal für einen Berner Sennenhund entschieden hat, für den dürfte das von eher nachrangiger Bedeutung sein. Denn bei der grundtypischen Größe und Statur dieser Rasse sind all diese geschlechtsspezifischen Merkmale ohnehin nicht allzu bedeutsam. Die Hauptsache ist doch, es ist ein Berner.

Wenn man „seinen" Wurf zum ersten Mal besucht, sind die Welpen vielleicht erst ein oder zwei Wochen alt. Zu diesem Zeitpunkt sehen sie für das ungeübte Auge des Laien alle sehr ähnlich aus. Ein auffälliger Unterschied ist die Zeichnung. Bei deren Beurteilung sollte man bedenken, daß das Weiß nicht proportional zum Körper mitwächst, sondern im Verhältnis zur Körpergröße mit fortschreitendem Wachstum zurückgeht. Viel Weiß wird weniger. Wenig Weiß wird noch weniger. Die weiße Stirnblesse eines Welpen, die dem Betrachter zunächst als zu breit erscheinen mag, wird später aller Voraussicht nach „ideal" sein; eine jetzt „richtig" ercheinende Blesse wird bei fortgeschrittenem Wachstum des Kopfes womöglich nur noch als schmaler weißer Strich zu sehen sein. Was jetzt wie eine kurze

Wie ein Ei dem anderen — zwei Welpen aus amerikanischer Zucht.

weiße Schwanzspitze aussieht, ist später vielleicht nur noch ein spärliches Büschel weißer Haare. Wo beim kleinen Welpen ein weißer Nackenfleck oder ein weißer Streifen am Hals zu sehen ist, glänzt ein paar Wochen später in der Regel nur noch sattes Schwarz. Anders gesagt: die Rolle der Zeichnung, insbesondere der Anteil des Weiß, wird in der Regel von Welpenkäufern (und unerfahrenen Züchtern) überschätzt.

Auch die Frage der Pigmentierung ist von eher nachrangiger Bedeutung. Im Welpenalter sind Nase und - in geringerem Maße — Lefzen zum Teil noch nicht ganz durchpigmentiert, das heißt noch nicht völlig schwarz, sondern es sind noch Reste der ursprünglichen Rosafärbung vorhanden. In der Regel verschwinden diese rosa Tupfer nach 2-3 Monaten. Wenn nicht, dann ist das nicht gravierend, sondern allenfalls ein „Schönheitsfehler".

Wenn man sich für einen Welpen entscheiden soll, gibt es wichtigere Aspekte als Zeichnung: Substanz des Körperbaus, Dicke der Pfoten, Form des Kopfes, Vollständigkeit des Gebißes, Lidschluß der Augen. Aus einem feingliedrigen Welpen wird später kein Hund mit starkem Knochenbau werden. Ein Kopf mit einem übermäßig steilen Stirnabsatz wird später kaum mehr stark abflachen. Ein Unterkiefer, der jetzt über den Oberkiefer vorsteht, wird sich nicht mehr ganz zurückbilden. Ein Augenlid, das deutlich durchhängt, wird später vielleicht etwas straffer, aber nie mehr gut geschlossen sein. Über die Augenfarbe kann man jetzt zwar noch nichts Endgültiges sagen. Welpenaugen glänzen dunkelblau. Vergleicht man mehrere Welpen miteinander, dann erkennt man freilich leichte Unterschiede: je tiefer, je dunkler der Blauschimmer, desto dunkler werden in der Regel die Augen später sein. Stand der Beine und Gangwerk muß man beim Welpen noch mit aller Behutsamkeit beurteilen. Jedoch sind außergewöhnliche Stand- und Bewegungsanomalien im Alter von acht Wochen bereits erkennbar. Deutlich ausgedrehte Hinterfüße richten sich voraussichtlich nicht mehr zurück. Harmonie bzw. Disharmonie des Bewegungsablaufes ist jetzt tendenziell schon erkennbar. Über all dies kann ein erfahrener Züchter, einer der sich um die Entwicklung seines Hundenachwuchses in der Vergangenheit gewissenhaft gekümmert hat, mit größerer Zuverlässigkeit Auskunft geben, als jemand, der nur eben mal so einen Wurf produziert hat. Dennoch: Auch langjährige Erfahrung ist keine Gewähr dafür, daß jemand aus einem Wurf von Welpen denjenigen erkennen kann, der sich später zum Schönsten entwickeln wird. Das beweisen die unzähligen Beispiele von erfahrenen Züchtern, die ständig auf der Suche sind nach erstklassigem Nachwuchs, der sich als Zuchthündin oder gar als Deckrüde eignet. Da wird mit kritischem Kennerblick begutachtet, vermessen, verglichen, da wird Ahnenforschung betrieben und zusätzlich der Rat weiterer Experten eingeholt. Und das Ergebnis? Nach einem halben oder ganzen Jahr wird der Hund verkauft, weil er nicht die mit ihm verknüpften Hoffnungen erfüllt, weil er wider Erwarten „Fehler" entwickelt hat. Wenn man es einem Welpen an der Nasenspitze ansehen könnte, ob er das Zeug zum Champion hat, hätte jeder Züchter ein paar davon zu Hause. Nun hat aber der normale

Mensch zunächst weder Ambitionen zum Ausstellen noch zum Züchten. Vielmehr will er „nur" einen ganz normalen Berner Sennenhund. Und den findet er in „seinem" Wurf allemal.

Wichtiger noch als alle Merkmale der äußeren Erscheinung sind bei der Auswahl eines Welpen Aspekte des Verhaltens, die Aufschluß über die wichtigsten Wesenseigenschaften geben. Beobachtet man die Welpen mehrfach längere Zeit beim Verhalten untereinander, beim Umgang mit Spielzeug, am Futternapf, beim Bürsten, beim Nichtstun, beim Kontakt mit dem Züchter, mit einem selbst, dann erkennt man schon gewisse Unterschiede. Der eine gibt sich mehr, der andere weniger lebhaft; der eine ist phlegmatisch, der andere ruhig, der nächste temperamentvoll, der vierte hektisch; der eine gibt beim Balgen eher auf, der andere hat immer das letzte Wort bzw. den letzten Pfotentritt; der erste schaut dem zweiten zu, wie der an einem Spielzeug nagt, der dritte kommt daher und versucht, es wegzunehmen; der eine sitzt mit versonnenem Gesichtsausdruck in einer Ecke, als philosophiere er vor sich hin, der andere strampelt sich ab beim Versuch, die Wand der Spielkiste zu überklettern; der eine geht über Leichen (pardon: Welpen), um als erster an der Milchschüssel zu sein; der andere tappt gemächlich hinterher; der eine erstarrt vor Schreck beim Platzen einer Papiertüte, zieht sich zurück, der andere stutzt kurz und geht dann weiter seiner Beschäftigung nach oder kommt gar heran, um der Sache auf den Grund zu gehen; der eine windet sich und zappelt, als ginge es um sein Leben, wenn man ihn hochhebt, der andere läßt es entspannt mit sich geschehen; der eine bleibt mit verträumten Augen liegen, wenn Besuch kommt, der andere rennt neugierig heran. Diese individuellen Verhaltensunterschiede sind normal. Jeder Hund hat schließlich seine ganz eigene Persönlichkeit. Es fragt sich nun, welche Hunde-Persönlichkeit zu welchem Menschen paßt. Die meisten Experten empfehlen dem unerfahrenen Käufer, Welpen mit extremen Verhaltensmerkmalen, also den besonders Lebhaften ebenso wie den allzu Ruhigen, zu meiden und sich stattdessen eher am mittleren Temperament zu orientieren. Gewiß kann auch der erfahrene Züchter eine Empfehlung für diesen oder jenen Welpen aussprechen.

Letztlich aber ist Welpenkauf immer auch eine Frage der ganz persönlichen Sympathie. Wer zum ersten Mal einen Wurf vier Wochen alter Berner Welpen sieht, wird vor lauter Entzücken über so viel geballte, wonnige Kuscheligkeit hingerissen sein. An eine Entscheidung ist gar nicht zu denken. Bei jedem weiteren Besuch aber werden bei den fünf, sieben oder mehr süßen Knuddel-Knäueln immer deutlicher ganz unterschiedliche Persönlichkeiten zum Vorschein kommen, sie werden immer klarere Identität gewinnen. Und man wird sich möglicherweise dabei ertappen, daß man — ungeachtet aller sogenannten Schönheitskriterien - allmählich den einen oder die andere auf besondere Weise liebgewinnt. Man schaut und faßt ihn öfter an als seine Geschwister. Und allmählich (ist es Einbildung oder Wirklichkeit?) mag es sein, daß — gerade als ob er es spüren würde — dieser kleine Berner Herzensbrecher immer öfter herankommt und die Nähe „seiner"

Ein Bilderbuch-Welpe träumt vor sich hin.

Menschen sucht. Spätestens dann dürfte die Entscheidung gefallen sein. Beim nächsten Mal wird man nicht mehr den Wurf besuchen, sondern „seinen" Berner. Und der Züchter, der einen Blick für das Entstehen von Bindungen hat, wird der hier eingegangenen Verbindung gerne seinen Segen geben.

Der Abschied

Zum vereinbarten Zeitpunkt holt man „seinen" Welpen ab. Der Züchter wird ihn für die Übergabe extra schön gemacht, d. h. gebadet und gebürstet haben. Man kontrolliert noch einmal, ob der Kleine sich in gutem Zustand befindet. Insbesondere überprüft man das Gebiß, befühlt den Bauchnabel, tastet beim Rüden vorsichtig nach beiden Hoden. Nabelbrüche kommen vor, verwachsen aber in der Regel problemlos. Für den Fall eines offensichtlich schweren Bruches wird der Züchter die Übernahme der Kosten einer späteren Operation zusichern. Der Züchter gewährt selbstverständlich Einblick in den abschließenden Bericht des Zuchtwartes. In der Regel wird ein schriftlicher Kaufvertrag geschlossen. Der Käufer sollte sich freuen, wenn darin der Züchter sich ein Rückkaufsrecht vorbehält für den Fall, daß er selbst den Hund aus zwingendem Grund nicht mehr behalten kann oder will. Er sollte auch dankbar die Bedingung akzeptieren, den Hund nach Erreichen eines bestimmten Alters (auf Kosten des Züchters) auf HD und ED röntgen zu lassen. Auch dem Wunsch des Züchters, ihn über die gesundheitliche und wesensmäßige Entwicklung des Hundes zu informieren, sollte ein Käufer gerne nachkommen. Andererseits sollte er sich im Gegenzug ruhig ausbedingen, den Kaufvertrag erst wirksam werden zu lassen, nachdem der Welpe (unverzüglich) von einem Tierarzt untersucht wurde. Worauf er sich nicht einlassen sollte, sind Klauseln, die sein Eigentumsrecht in irgendeiner weiteren als der oben genannten Weise einschränken, z. B.: Anerkennung des Züchters als Miteigentümer; Pflicht zur späteren (leihweisen) Überlassung eines Rüden für Deckzwecke oder einer Hündin für sogenannte Zuchtmiete.

Es ist an dieser Stelle noch einmal daran zu erinnern, daß der Welpe aus Eltern gezüchtet wurde, die den gesundheits-, wesens- und schönheitsmäßigen Zuchtbestimmungen des Rasse-Clubs entsprechen. Diese Zuchtbestimmungen berücksichtigen in gebührender Weise den Kenntnisstand der tiermedizinischen und tierpsychologischen Forschung.

Zum Zeitpunkt der Übergabe ist der Welpe offensichtlich gesund, sauber, entwurmt, geimpft. Er ist an den Umgang mit Menschen sowie an allerlei optische und akustische Einflüsse gewöhnt. Er ist zwar noch nicht stubenrein, macht aber auch nicht mehr ins eigene Nest. Er ist daran gewöhnt, gekämmt, gebürstet, frottiert zu werden. Er kennt das Gefühl, ein Halsband zu tragen und ist schon mit dem Auto gefahren. Kurzum: der Welpe hat bis zu diesem Zeitpunkt eine in bezug auf Ernährung, Pflege, Gesundheitsvorsorge, Umgebung und Sozialisation bestmögliche Aufzucht erfahren. Mehr kann ein Züchter nicht leisten; darauf muß sich seine Haftung beschränken. Es geht nicht an, ihm auch noch die Verantwortung für künftig entstehende Gesundheitsmängel oder Verhaltensanomalien aufzuladen, es sei denn, er habe arglistig etwas verschwiegen. Ein technisches Produkt mag verdeckte Mängel haben, die zur Reklamation berechtigen. Ein Welpe wird übernommen und gekauft wie besichtigt. Ob dieser Welpe nach sechs Monaten Ellbogen- oder nach einem Jahr Hüftgelenksdysplasie entwickelt, ob er Entropium bekommt oder einen Kreuzbandriß, ob er nach zwei Jahren an Nierenversagen stirbt oder nach vier Jahren an Leukämie, ob er im Alter von fünf Monaten menschenscheu ist oder mit fünfzehn Monaten den eigenen Menschen beißt, das alles liegt — bei gutem Menschenverstand und intaktem natürlichen Rechtsbewußtsein — außerhalb der Verantwortung und der Haftung des Züchters, auch wenn die Rechtssprechung in manchen Fällen anderes sagt. Mit der Übergabe endet für den Züchter und beginnt für den Käufer die Verantwortung für den Zustand des Welpen und seine künftige Entwicklung.

Was für den Züchter hingegen niemals endet, ist die Verantwortung für das Wohlergehen des Hundes. Natürlich kann man von ihm nicht erwarten, daß er jeden seiner Welpen ein Leben lang im Auge behält. Häufig steht dem schon die mangelnde Kooperationsbereitschaft der Käufer entgegen. Wenn aber der Züchter Kenntnis erhält, daß einer seiner Hunde in echter Not ist, daß er etwa mißhandelt wird, oder daß er aus zwingendem Grund ein neues Heim braucht, dann ist er verpflichtet, seine Verantwortung einzulösen. Fällt der Züchter aus, dann steht auch der Rüdenbesitzer in der Pflicht der Verantwortung. Als Einzelner kann man dieser Verantwortung möglicherweise gar nicht in allen Fällen nachkommen. Dann ist es Aufgabe des Rasse-Clubs, helfend tätig zu werden. Nicht nur der einzelne Züchter, sondern auch die Züchtergemeinschaft trägt — ob sie es will oder nicht — kollektive Verantwortung für jeden einzelnen geborenen Hund einer Rasse. Jeder Welpe, der registriert wird, jeder Käufer, der Vereinsmitglied wird, jeder Hund, der zu einer Ausstellung angemeldet wird, bringt Geld in die Kasse des Vereins und schafft damit auch die finanziellen Voraussetzungen dafür, daß sich Vorstandsmitglieder, Zuchtwarte, Richter usw. ihr eigenes Hobby angemessen finanzieren lassen können.

Für die Berner Rasse-Clubs in Großbritannien und den USA ist es seit langem eine Selbstverständlichkeit, unter Einsatz erheblicher Finanzmittel ein effizientes, flächendeckendes System zur Rettung und Umplazierung von in Not geratenen Hunden zu unterhalten, und zwar ungeachtet ihrer Abstammung und Herkunft. Beauftragte der Clubs sind ohne Vergütung rastlos und selbstlos aktiv: sie holen Berner Sennenhunde aus Tierheimen, bewahren sie vor drohender Euthanasie, befreien sie aus den Händen von Menschen, die sie offensichtlich vernachlässigen, quälen oder nicht mit ihnen fertig werden. Es wäre an der Zeit, daß auch die Berner Zuchtvereine in deutschsprachigen Landen sich stärker in dieser Weise engagieren würden. Die Vermittlung von Welpen ist freiwillige Dienstleistung; die Rettung von in Not geratenen Berner Sennenhunden ist ethische Pflicht.

Die Ankunft zu Hause

Die Heimreise des neuen Familiengenossen erfolgt am besten auf dem Rücksitz des Autos, auf dem Schoß und in den Armen eines seiner Menschen. Für den gewissen Fall legt man ein saugfähiges Tuch über Sitz und Knie. Bei längerer Fahrzeit hält man zwischendurch an, damit der Kleine ein Bächlein machen kann. Vor dem Aussteigen nimmt man ihn aber auf jeden Fall an die Leine. Nach der Ankunft zu Hause soll der kleine Berner erst einmal seine neue Umgebung erkunden; danach — er wird sehr bald müde sein — darf er ausgiebig schlafen. Wenn er wieder aufwacht, beginnt für ihn und seine Menschen ein neues Leben.

Der Mensch hat bereits lange vorher die erforderlichen Vorbereitungen getroffen. Er hat einen Ruhe- und einen Schlafplatz ausgesucht und ein Bett bereitgestellt (weiche Decke oder Korb); er hat eine Wasser- und eine Futterschüssel besorgt, die sich problemlos sauber halten lassen (z. B. aus rostfreiem Stahl); er hat ein Pflegeset (Kamm, Bürste, Zeckenpinzette, Ohrenpinzette) und Spielzeug (Qietschmaus, Gummiball) gekauft; er hat einen kleinen Futtervorrat angelegt und einen Toilettenplatz außerhalb des Hauses ausgesucht; er hat den Hund beim Steueramt angemeldet und für ihn eine Haftpflichtversicherung abgeschlossen; er hat sich mit seinem Fleischer beraten und Kontakt zu einem örtlichen Hundeverein (Erziehung!) aufgenommen; er hat einen Tierarzt ausgesucht und vielleicht sogar eine Krankenversicherung für den Berner abgeschlossen; er hat testamentarisch verfügt, was im Falle seines eigenen Todes mit dem Hund geschehen soll; er hat ein Buch über Hundekrankheiten zur Hand und er hat mindestens einen Ratgeber zur Erziehung des Welpen nicht nur gekauft, sondern auch gründlich gelesen; und schließlich: mindestens einer der Menschen hat Urlaub genommen, so daß der Welpe während der ersten Wochen ständig einen Spielgefährten, Lehrer und Erzieher um sich hat.

Ein Wort zum Schlafplatz. Ein Berner gehört zur Familie und daher ins Haus. Idealerweise schläft er bei seinen Menschen. Das hilft ihm, die Trennung von Mutter und Geschwistern leichter zu überwinden. Gleichzeitig wird dem Menschen die Erziehung des Kleinen zur Stubenreinheit erleichtert. Man hört, wenn er sich gegen Morgen unruhig zu bewegen beginnt und kann ihn dann sofort zu seinem Löseplatz im Freien bringen. Später wird sich der Berner als ruhiger, rücksichtsvoller Schlafgenosse (nicht Bettgenosse) erweisen, der sich den Gewohnheiten seiner Menschen vollkommen anpaßt. Ein erwachsener Berner kann sein Wasser lange halten. Er schläft am Wochenende problemlos auch mal in den Tag hinein. Wer sein Schlafgemach nicht mit dem Welpen teilen will, sondern ihn für die Nacht in einem separaten Raum unterbringt, der darf sich nicht davon beeindrucken lassen, daß der Kleine seinen Schmerz über das ungewohnte Alleinsein in den ersten Nächten markerschütternd und herzerweichend hinausschreit.

Für die Eingewöhnung zu Hause, als Instrument der Erziehung und zur Vorbereitung auf manche Situation des ganzen späteren Leben hat es sich bewährt, den Welpen sehr früh an den Aufenthalt in einem Gitterkäfig zu gewöhnen. Das ist weder Strafe noch Tierquälerei. Vielmehr vermittelt der Käfig dem Kleinen das Gefühl der Geborgenheit. Man kann ihm darin Ruhe verschaffen vor dem Zugriff allzu spielfreudiger Kinder; man kann sich selbst einmal eine welpenfreie Verschnaufpause gönnen; man kann die Entwicklung der Stubenreinheit erleichtern und beschleunigen, da es dem Welpen höchst unangenehm ist, sein eigenes Nest zu beschmutzen. So ein Käfig ist auch nützlich zur Vorbereitung auf Situationen im späteren Leben: stationärer Aufenthalt beim Tierarzt; Transport im Auto; kurzzeitiges Zurücklassen im Hotelzimmer; Ausstellungsbox usw.

Ebenso wichtig wie der nächtliche Schlafplatz ist ein Ruheplatz für den Tag. Der Welpe — wie auch der erwachsene Berner — braucht ein Refugium, in das er sich zurückziehen kann, wenn ihm danach ist. Günstig ist ein Platz mit Nischen- oder Höhlencharakter, abseits, aber doch nicht ausgeschlossen. Ein Berner will auch im Schlaf sich der Nähe seiner Menschen bewußt sein. Wenn sich der Hund später einen Ruheplatz sucht, der ihm besser zusagt, wird man ihm das nicht verwehren. Je nach der gegebenen Wohnarchitektur mag es in bestimmten Situationen angezeigt sein, eine offene Tür, einen Durchgang, eine Treppe zunächst und vorübergehend mit einem Gitter zu versperren. Auf den Steinplatten einer Terrasse zu liegen tut auf Dauer den Gelenken des Berner Sennenhundes nicht gut. Es empfiehlt sich, ein Liegebrett anzufertigen: Nut- und Federbretter, auf Rahmenhölzer montiert und von unten mit Wärmedämmung versehen.

Beim Bau einer Hütte muß darauf geachtet werden, daß sie einen Eingangs- und einen windgeschützten Schlafbereich hat. Sie soll allseits doppelschichtig, wärme-isoliert und mittels Rahmenhölzern erdfern gehalten sein.

Ein Wort zu Halsband und Leine: in den ersten Monaten und besonders während der Erziehungs- und Übungsphasen eignet sich ein einfaches, flaches Lederhalsband mit verstellbarer Schnalle. Die dazu passende Lederleine hat einen leicht bedienbaren, stabilen Karabinerhaken. An dieser Leine bei Fuß zu gehen, lernt der Berner sehr früh. Geht er nicht bei Fuß, dann läuft er frei. Eine sog. Auszieh- oder Flexi-Leine, wie man sie immer häufiger sieht, mag etwas für Hunde anderer Rassen sein, die nicht erzogen sind. Zu einem Berner Sennenhund passt sie nicht. Ist die Grundausbildung des Berners abgeschlossen, dann sollte er ein echtes „Berner" Halsband bekommen (hierzulande besser bekannt unter dem scheußlichen Namen „Rundwürger"). Es ist leicht über den Kopf zu streifen und für den Hund angenehm zu tragen. Seine Schlichtheit unterstreicht die natürliche Schönheit des Fells. Das von manchen Berner-Fans als chic empfundene, messingbeschlagene „Appenzeller" Halsband gehört traditionell zum kurzhaarigen Sennenhund. An ihm kommt es nicht nur besser zur Geltung; sein Haar, im Gegensatz zu dem des Berners, leidet auch nicht unter dem Druck des flachen Leders. Ein Armutszeugnis stellt sich derjenige aus, der glaubt, seinem Berner Sennenhund ein Stachelhalsband zumuten zu müssen. Nichts als Verachtung kann man für Menschen empfinden, die zur Erziehung ihres vierbeinigen Freundes (?) ein Elektroschock-Halsband verwenden. Es empfiehlt sich, am Halsband eine kleine Metallhülse zu befestigen, die - für den Notfall — einen Zettel mit den Telefonnummern der Menschen des Hundes und einiger Freunde enthält.

NEU:

Das nach Erscheinen der ersten Auflage dieses Buches in Kraft tretende neue Zucht- und Körreglement des Schweizerischen Klubs für Berner Sennenhunde (KBS) gestattet jetzt pro Wurf in der Regel die Aufzucht von bis zu acht Welpen. Mit einer Hündin dürfen in zwei Kalenderjahren zwei Würfe gezüchtet werden. Die Zuchtverwendung einer Hündin ist nunmehr noch hier grundsätzlich auf acht Jahre begrenzt. Das Mindestalter für die HD- und ED-Röntgenuntersuchung beträgt jetzt 14 Monate.

Auch der Deutsche Club für Berner Sennenhunde (DCBS) hat inzwischen das HD-Röntgenalter angehoben auf nunmehr 15 Monate.

Beste Freunde.

Kapitel Fünf

DER JUNGE BERNER SENNENHUND

Schlafen

Essen

Laufen/Lernen/Spielen

Wachstum

Erziehung fürs Leben

Der Duft der großen, weiten Welt

Ein frischer Kalbsknochen ist für einen Berner Sennenhund jeden Alters ein Hochgenuß.

Der junge Hund muß auch lernen, daß der Alte nicht immer zum Spielen bereit ist.

Das Leben des Welpen vor der Übernahme durch seine Menschen war geprägt durch den Rythmus von Schlafen, Essen, Herumlaufen und Spielen. Schlafen konnte er nach Belieben; Essen (bzw. Trinken) gab es anfangs jederzeit von der Mama, später genügend oft und in ausreichender Menge vom Züchter; zum Herumlaufen gab es Platz und Zeit; Spielen konnte er zusammen mit den anderen nach Herzenslust, wann und solange er wollte. Wenn er nicht gerade schlief, lernte er aber auch eine ganze Menge. Dieses Lernen vollzog sich in zwei Bereichen: einerseits machte der Welpe täglich neue Erfahrungen in und mit seiner räumlichen Umwelt, d.h. er lernte neue Gegenstände, Formen, Gerüche, Geräusche usw. kennen, sein Horizont erweiterte sich; andererseits lernte er im Umgang mit seinen Geschwistern und seiner Mutter (vielleicht auch anderen Verwandten) soziales Verhalten unter seinesgleichen; er lernte, daß es für das Zusammenleben gewisse Spielregeln gibt, deren Nichteinhaltung unangenehme Folgen hat. Erziehung nennt man das. Störte man z.B. die Mama im Schlaf, zwickte man sie mit seinen spitzen Zähnchen, oder ging man ihr einfach mit seinem Kindergetue auf die Nerven, dann knurrte sie, die sonst die Liebe und Geduld in Person war, ganz böse; im Wiederholungsfalle gab es eins hinter die Ohren. Damit war die Sache dann aber auch schon erledigt; nachtragend war man nicht. Dieser Lern- und Erziehungsprozeß wurde nach und nach erweitert und vertieft durch das Eingreifen des Züchters.

Dieselben Faktoren — Schlafen, Essen, Laufen, Spielen, Lernen — bestimmen das Leben des kleinen Berners auch nach seiner Ankunft im neuen Heim. Diese Faktoren sind es auch, die von nun an seine weitere Entwicklung maßgeblich bestimmen. Von ihnen hängt es ab, wie sich sein Körper entwickelt, sein Verstand, seine Welterfahrung, sein Wesen, die Art mit seinesgleichen umzugehen, die Bindung an seine Menchen und die Fähigkeit, in deren Welt sich problemlos zu bewegen. Was in diesen Bereichen innerhalb der ersten Wochen und Monate vom Welpen nicht gelernt, vom Menschen nicht geleistet wird, was am Ende des ersten Jahres nicht entwickelt und gefestigt ist, das läßt sich später entweder gar nicht oder nur unter sehr großen Schwierigkeiten nachholen. Innerhalb des ersten Jahres muß der Berner nicht nur zu einem fertigen Hund werden, sondern auch zu einem fertigen „Menschen-Hund“. Er muß nicht nur groß und stark werden und dabei artgerechtes Verhalten, natürliches Hund-Sein, Lebenstüchtigkeit in der Hunde-Welt entwickeln; er muß darüberhinaus auch lernen, Sozialpartner des Menschen zu sein und unter den Bedingungen der Menschen-Welt zu leben.

Schlafen

Schlafen ist wichtig. Der kleine Berner darf schlafen, wo, wann und solange er will. Sein Schlaf ist heilig. Nichts und niemand darf ihn stören. Man weckt ihn nicht, weil er zufällig im Weg liegt. Man reißt ihn nicht aus dem Schlaf, weil man mit ihm spielen will. Man streichelt ihn nicht einmal. Liegt er freilich direkt neben dem Fernsehsessel, dann schadet es natürlich nicht, wenn man eine Hand ganz sachte auf oder an ihn legt. Die körperliche Nähe seiner Menschen zu spüren ist dem Berner Sennenhund, gleich welchen Alters, niemals unangenehm oder lästig. Rücksichtnahme auf den schlafenden Hund bedeutet selbstverständlich nicht, daß nun absolute Ruhe im Haus einkehren muß. Normale Haushaltsgeräusche stören ihn auch im Schlaf nicht. Kinder sollten allerdings in einem anderen Zimmer toben.

Essen

Essen ist genauso wichtig wie Schlafen. Der pummelige Welpe, der sich zum stattlichen Berner Sennenhund entwickeln soll, braucht eine optimale Ernährung: erstklassig in der Qualität, ausgewogen in der Zusammensetzung und ausreichend in der Menge. Was in dieser Hinsicht zwischen der Übernahme des Welpen und dem Abschluß seines Hauptwachstums mit etwa neun Monaten versäumt wird, läßt sich nie mehr nachholen. Die Ernährung der nächsten Monate bestimmt entscheidend die körperliche Entwicklung, die Gesundheit und die spätere Leistungsfähigkeit des Hundes. Das Beste ist also gerade gut genug.

Um dem Kleinen den Übergang ins neue Heim so leicht als möglich zu machen, reicht man ihm in den ersten Tagen das vom Züchter mitgegebene Futter und hält den gewohnten Zeitplan ein. Allmählich kann man dann auf einen eigenen Speiseplan umstellen. Ein junger Berner bekommt drei Mahlzeiten pro Tag. Man kann aber natürlich auch viermal füttern.

Nach den Aussagen der Futtermittelindustrie enthält modernes Fertigfutter (erhältlich in zahlreichen Varianten für alle Altersstufen) alles, was der Hund braucht. Wer sich zu einem solchen Komplett-Futter entschließt, sollte daher keine zusätzliche Anreicherung vornehmen. Das gilt gleichermaßen für Fleisch, Vitaminpräparate und vitaminisierte Mineralstoffe. Wer seinem Berner zuviel vermeintlich „Gutes“ in diesem Sinne tut, riskiert, daß Wachstum und Gewichtszunahme sich in ungesundem Maße beschleunigen. Der junge Hund wächst dann zu schnell und wird gleichzeitig zu schwer. Die Folge: die noch unfertigen Knochen, Bänder und Gelenke unterliegen einer Belastung, der sie nicht gewachsen sind; es kommt häufig — insbesondere bei bewegungsfreudigen bzw. körperlich stark beanspruchten Hunden — zu ernsthaften orthopädischen Problemen. Zieht man es vor, selbst zu kochen, dann muß das Futter in seiner Zusammensetzung (Eiweiß, Fett, Kohlehydrate, Mineralien, Vitamine, Spurenelemente) allerdings optimal abgestimmt werden. Ganz wichtig ist ein ausgewogenes Verhältnis von Calcium und Phosphor. Fleisch (etwa 1/3) und Getreideflocken (etwa 2/3) werden auf jeden Fall den Hauptanteil bilden.

Der folgende Speiseplan soll als Basis-Vorschlag für die Ernährung eines jungen Berners verstanden werden: Eine sogenannte Milchmahlzeit (1 Tasse Flocken, vermischt mit etwas Magerquark und einer Tasse warmer Vollmilch; angereichert mit etwas Kalk und einer gewichtsbezogenen Dosis eines Komplett-Vitamin-Präparates). Anstelle der Flocken kann man gelegentlich auch Brot einweichen. Dazu gibt es im Wechsel zwei Fleischmahlzeiten (anfangs ca. 150, später 200-250 Gramm gehacktes oder fein geschnetzeltes Fleisch, etwas angekochtes Gemüse mit der Brühe, vermischt mit einer Tasse Flocken, wiederum angereichert mit Kalk und Vitaminen). Nur wenn der Hund von klein auf an Milch gewöhnt ist, verträgt er sie auch später. Nach etwa sechs Monaten kann die Milchmahlzeit wegfallen.

Bei individueller Zusammenstellung des Futters bespricht man sich auf jeden Fall mit seinem Tierarzt. Dessen Rat folgend, kann Rindfleisch roh oder gekocht verabreicht werden. Geflügelfleisch sollte man kochen; Schweinefleisch darf niemals roh gegeben werden (es kann Träger des tödlichen Aujeszky-Virus sein). Die Flocken können ab und zu durch Reis oder Nudeln ersetzt werden. Eine altbewährte Delikatesse für jeden Berner Sennenhund ist frischer, ungewaschener Blättermagen.

Kalbsknorpel und Kalbsknochen schmecken nicht nur ausgezeichnet, sondern stärken auch Gebiß und Kaumuskulatur. Den letzteren Zweck erfüllt auch ein Kanten trockenes Brot, ein Stück getrockneter Ochsenziemer, ein Büffelhautknochen. Eine regelmäßige, kleine Prise Salz sollte ebenso wenig fehlen wie ab und zu ein Löffel Honig. Ein- bis zweimal wöchentlich gibt man ein frisches Eigelb. Gesund und schmackhaft ist allemal nicht-blähendes Gemüse (fein gekocht, später auch roh geraspelt) und Obst (gerieben oder zerstückelt). Auch die fortschrittliche Ernährungswissenschaft kann zur Unterstützung des Knochenwachstums kaum etwas besseres bieten, als das beim Fleischer erhältliche, frische Knochenmehl (z.B. im Wechsel mit Kalkpulver). Und was könnte eine frisch zubereitete Mahlzeit besser abrunden, als eine geriebene Karotte, jeweils ein Löffel Grünzeug (Petersilie, Schnittlauch), Algenmehl, Weizenkleie, Lebertran, kaltgepreßtes Distelöl, ein Klacks Honig, eine Spur Knoblauch (frisch gepreßt oder als Kapsel), eine halbe Banane, ein paar Weintrauben, ein Becher Joghurt oder Magerquark, ein bißchen Fisch, ein Stückchen Käse? Im Grunde gilt für die Ernährung des Berner Sennenhundes ein durchaus menschengemäßer kulinarischer Grundsatz: Abwechslung ist das halbe Leben. Wenn das Essen immer aus der gleichen Dose kommt — auch wenn's ein Marken-Label ist — schmeckt es halt nach einer Weile nicht mehr.

Fütterungsangaben sind nicht als dogmatische Vorschriften zu verstehen, sondern haben immer nur Empfehlungscharakter. Sie können und müssen nach eigenem Ermessen bzw. nach den Bedürfnissen des jeweiligen Hundes variiert werden. Wichtig ist nur, daß der Hund bis zum Abschluß der Hauptwachstumsphase quantitativ und qualitativ optimal ernährt wird. Dabei müssen die Mengen mit zunehmendem Alter allmählich gesteigert werden. Genaue Angaben über die Futtermengen sind ebenso wenig möglich, wie exakte Aussagen über das Soll-Gewicht. Beides hängt in sehr starkem Maße von der individuellen Statur des Hundes ab. Zuverlässiger Maßstab für die richtige Menge ist das Aussehen. Ein Berner soll — bei aller jugendbedingten, hochbeinigen Schlaksigkeit — nicht mager wirken. Er soll vielmehr auch in der Wachstumsphase stets einen wohlgenährten (aber nicht kugelrunden) Eindruck machen. Bei der Beurteilung darf man sich jedoch nicht auf den optischen Eindruck allein verlassen. Das Fell suggeriert je nach Struktur ein Volumen, das in Wirklichkeit gar nicht da ist. Eine Fühlprobe ist daher immer notwendig.

Was für den Berner Sennenhund — gleich welchen Alters - vollkommen tabu sein sollte, sind Süßigkeiten. Gewürzte Speisen kommen ebenfalls nicht in Frage. Aus diesem Grunde sind auch Tischabfälle ungeeignet (ausgenommen gelegentlich Dinge wie Teigwaren, Reis, Kartoffelbrei etc.). Direkt vom Tisch fällt prinzipiell nichts für den Berner ab. Die Nahrung darf nie aus dem Kühlschrank kommen, sollte vielmehr immer leicht angewärmt sein. Der Berner Sennenhund liebt feste Gewohnheiten. Daher — und weil es für die Verdauung besser ist — soll man auf die Einhaltung regelmäßiger Essenszeiten achten. Das Futter sollte auch immer am selben Platz serviert werden. Im Normalfall putzt der Berner seine Schüssel blank. Bleibt etwas übrig, wird es weggeworfen. Der Hund soll sich auf keinen Fall daran gewöhnen, daß er nach Belieben zurückkommen und weiteressen kann. Abgestandenes Essen ist zudem ein unappetitlicher Anblick. Ist Bäri wählerisch, dann räumt man einfach ab und läßt die Mahlzeit ausfallen. Beim nächsten Mal wird er schon wieder zulangen. Hunger ist allemal der beste Koch. Das gilt natürlich nicht für offensichtlich anormale Appetitlosigkeit. Hier muß der Tierarzt konsultiert werden. Der Berner Sennenhund ißt mit Begeisterung, solange er gesund ist. Makellose Sauberkeit des Napfes ist selbstverständlich. Frisches Wasser muß stets frei zugänglich bereitstehen. Wichtig: Während des Essens stört man seinen Berner nicht.

Laufen/Lernen/Spielen

Bewegung ist für den kleinen

Berner Welpen außerordentlich wichtig. Sie fördert die Entwicklung der Muskeln, die Stabilisierung der Bänder und Gelenke; sie stärkt Herz und Lunge, schafft die Grundlage für allgemeine Leistungsfähigkeit und Ausdauer. Zuviel Bewegung jedoch ist schlecht. Früher, beim Züchter, rannte und tollte der Welpe hauptsächlich mit seinen Geschwistern herum. Alle hatten etwa die gleiche Kraft, das gleiche Tempo und die gleiche Ausdauer. War er müde, setzte er sich in die Ecke und schaute den anderen zu, oder er machte ein kleines Nickerchen. Jetzt haben Menschen die Rolle seiner Geschwister und Mutter übernommen: Große Wesen mit langen Beinen, die weite Schritte machen können und für die stundenlange Wanderungen ein erholsames Vergnügen sind. Mit diesen Wesen, seiner neuen Familie, will der Kleine jetzt mithalten. Ihnen läuft er nach auf Schritt und Tritt. Dabei vergißt er völlig die aufkommende Müdigkeit, wächst über sich selbst hinaus. Die Beine werden wackelig, knicken ein; er schleppt sich weiter, bis er vor lauter Erschöpfung nicht mehr kann und sich hinlegt. Solches zu verhindern ist seiner Menschen dringende Pflicht.

Berner Welpen dürfen auf keinen Fall in ihrer körperlichen Leistungsfähigkeit überfordert werden. In den ersten Tagen wird es völlig ausreichen, sich im Haus und ums Haus zu bewegen. Kurze Distanzen. Mal hierhin, mal dorthin. Bach machen — zurück. Häufchen machen — zurück. Dem Gummiball nachlaufen — zurück. Von einem Menschen zum anderen — und zurück. Kein Treppensteigen; kein Herabspringen aus irgendwelchen Höhen; kein Bergwandern. Mit jedem Tag, mit jeder Woche kann man dem kleinen Bär dann ein wenig mehr zumuten. Heute fünf Minuten über die Wiese. Morgen mit dem Auto zum Waldrand und fünf Minuten auf federndem Weg zwischen Bäumen hindurch. Übermorgen zehn Minuten an einem Bach entlang. Zwei Wochen später — man hat ihn inzwischen an die Leine gewöhnt — kurze Spaziergänge, bei denen zwei Minuten an der Leine zwischen zweimal fünf Minuten grenzenloser Freiheit eingebettet sind. Am Samstag darauf ein erster, kurzer (!) Stadtbummel und danach gleich wieder nach Hause und ab ins Bett. Die Ausflüge nehmen nach Länge und Zahl sukzessive zu, bis man mit fünf, sechs Monaten bei zweimal 15-20 Minuten angelangt ist. Inzwischen haben ja auch die Erziehungsübungen konkrete Formen angenommen. Auch das kostet Kraft und muß berücksichtigt werden.

Noch einmal: Ein Berner Welpe braucht Bewegung, er darf aber niemals überanstrengt werden. Weder nach Dauer noch nach Krafteinsatz. Arthritische und arthrotische Beschwerden vieler älterer Berner Sennenhunde haben ihren Ursprung mit Sicherheit in Gelenkschäden, die während der ersten Lebensmonate als Folge übermäßiger Bewegung (und Ernährung) entstanden waren. Die Warnung vor zuviel Bewegung gilt auch noch für den scheinbar ausgewachsenen Berner Sennenhund. Mit zehn, zwölf Monaten hat er zwar seine endgültige Höhe erreicht, hat eine kräftige Statur, schon ordentliche Muskeln; aber fertig ausgewachsen ist er dann immer noch nicht. Fünfzehn, achtzehn Monate muß man ihm schon zugestehen, bis man volle Leistung von ihm erwarten darf.

Was für die rein physische Seite des Laufens gilt, betrifft auch noch einen anderen Aspekt. Der kleine Berner läuft ja nicht um des Laufens willen. Er absolviert kein Lauftraining mit dem Ziel, Ausdauer und Tempo zu erhöhen. Er läuft aus zweckfreier Lebensfreude und aus Neugier auf die Welt. Jeder Spaziergang ist für Bäri mit einer Fülle neuer Begegnungen und Erfahrungen verbunden. Neue Düfte, Geräusche, Formen, Materialien, Lebewesen — Freundliches, Fremdes, Angenehmes, Bedrohliches erschließt sich ihm bei seinen Erkundungsgängen im Garten, über Wiesen, durch den Wald. Ganz zu schweigen von der Stadt. Diese Erfahrungen kosten Kraft. Am Ende eines Spazierganges ist ein junger Berner Sennenhund nicht nur müde vom Laufen, sondern auch vom Erleben. Das alles muß ja auch verarbeitet werden. Man braucht ihn nur einmal bei seinen Schlaf-Träumen zu beobachten. Auch solches will berücksichtigt sein bei der Entscheidung, was und wieviel man dem Kleinen zumuten kann.

Ein dritter Aspekt ist in diesem Zusammenhang wichtig: Spielen. Allein, zu zweit, mit mehreren. Mit Gegenständen, mit Menschen, mit Hunden. Allein mit sich selbst, gedankenverloren, an einem Besenstiel knabbern (aber bitte nicht an Steinen!) ist schön. Mit dem Menschen Ball spielen, sich balgen, an einem Handtuch ziehen, einander nachlaufen, sich verstecken ist schön. Anderen Hunden, aller Rassen, aller Größen, aller Altersstufen, im Park zu begegnen, mit ihnen zu rennen und zu spielen, von und mit ihnen zu lernen, ist schön. Spielen ist wichtig; es fördert das Selbstvertrauen des kleinen Berners; es festigt den Kontakt mit seinen Menschen, es lehrt rücksichtsvollen Umgang miteinander, es „bildet“. Aber es ist auch anstrengend. Auf jede intensive Spielphase muß eine ausführliche Erholungspause folgen. Laufen, Lernen, Spielen: unbedingt! Aber: wohldosiert!

Wachstum

Viel Schlaf, gutes Essen, reichlich Bewegung — das alles zeigt natürlich im Lauf der Zeit seine Wirkung. Was da mit acht Wochen ins Haus kommt, dieses tolpatschige, flauschige, knäuelige, milchzahnige Berner Sennenhundle, präsentiert sich zehn Monate später als prächtiger, mächtiger, kraftstrotzender, flinkbeiniger, temperamentvoller, selbstbewußter Berner Sennenhund. Ein Unterschied, den man sehen, aber auch wiegen kann: aus damals 10 sind 35 oder 40 Kilo geworden. Vom ersten Tag an wächst und gedeiht der Kleine. Man kann fast zusehen, wie er in die Höhe, Länge und Breite geht. Nicht unmerklich, nicht kontinuierlich, sondern in Schüben. Mal vorne höher, mal hinten. Mal fehlts in der Breite, mal in der Länge. Mal scheint der Kopf zu groß, dann wieder zu klein. Mal ist die Rute zu lang, mal sind es die Beine. Backfischalter eben. Die Berner wachsen schnell, sie reifen jedoch langsam. Das heißt, mit knapp einem Jahr ist das Wachstum zwar in der Höhe abgeschlossen, doch längst nicht in der Breite oder Tiefe. Das gilt besonders auch für den Kopf. Eineinhalb Jahre, bei Rüden gut noch etwas länger, dauert es schon, bis sich ein Berner Sennenhund in seiner ganzen herrlichen Vollendung zeigt.

Auch das Gebiß wird erwachsen. Die 28 Milchzähne fallen aus. Die 42 richtigen kommen nach. Zuerst, so mit vier Monaten, die Schneidezähne. Kurz darauf die Eckzähne. Wenig später die vorderen (winzigen) und die ersten hinteren Backenzähne. Ganz zuletzt die unteren großen Mahlzähne. Im Alter von acht Monaten sind normalerweise alle da.

Das Fell verändert sich. Der eher stumpfe Teddy-Flausch der Anfangszeit weicht nach und nach dem Teenager-Fell. Zwischendurch trägt Bäri das Haupthaar vorübergehend mal im Igel-Look. Mit vier, fünf Monaten — auf dem Rücken und am Schwanz sieht man es zuerst — werden die Haare tiefschwarz, glänzend, länger, etwas fester. Etwa zur gleichen Zeit wie das Gebiß ist auch das Fell erneuert. Zwar fehlt es ihm jetzt noch an Länge, auch an Dichte; die Hosen hinten sind noch Shorts, die Fahnen an den Vorderläufen kleine Wimpel. Mit jedem Wechsel aber kommt des Berners Haarkleid seinem Endzustand ein Stückchen näher. Mit zwei Jahren (bei Rüden oft noch später) ist die Pracht dann endlich vollkommen. Inzwischen hat der Hund natürlich auch noch gelernt zu bellen; der Rüde hebt schon längst das Bein. Er und die Hündin sind mit acht, neun Monaten geschlechtsreif.

Mit einem Jahr also ist der Berner Sennenhund weitgehend fertig. Körperlich, geistig, gefühlsmäßig. Wäre er ohne Menschen aufgewachsen, als Hund unter Hunden, dann wäre er jetzt ein vollwertiges Mitglied der caniden Gesellschaft. Nun lebt er aber nicht so und nicht dort, sondern in der Gemeinschaft mit seinen Menschen und in deren Welt. Wenn zu diesem Zeitpunkt und danach das Zusammenleben reibungslos funktionieren soll, muß der Berner bis dahin die Spielregeln, die Verhaltensnormen gelernt haben, die für dieses Leben gelten. Von alleine konnte er das freilich nicht. Die tätige Mithilfe seiner Menschen war gefragt. Sie müssen sich jetzt fragen lassen, ob sie ihrem Liebling nicht nur Schlaf, Essen, Bewegung und Spiel haben angedeihen lassen, sondern auch Erziehung.

Erziehung fürs Leben

Erziehung zielt nicht einfach auf Gehorsam. Sie ist vielmehr zugleich Voraussetzung und Ergebnis für ein harmonisches Zusammenleben zwischen dem Berner Sennenhund und seinen Menschen. Ohne Harmonie keine erfolgreiche Erziehung, ohne gute Erziehung keine Harmonie. Der Aspekt der Partnerschaft ist dabei eminent wichtig: Erziehung bedeutet ja, sich den Hund untergeben zu machen, ohne ihn dabei zum Sklaven zu brechen. Erziehung will nicht den aus Angst sich unterwerfenden, sondern den in Liebe, Vertrauen und Selbstvertrauen sich hingebenden Hund. Um das zu erreichen, bedarf es der Liebe und des Verantwortungsbewußtseins seiner Menschen. Es verlangt eine für den Hund stets erkennbare, von Respekt für die Kreatur geprägte Grundeinstellung des Menschen. Der Mensch muß für seinen Hund in jedem Augenblick berechenbar sein. Nur dann wird auch der Hund für ihn in jeder Situation berechenbar.

Erziehung des Berner Sennenhundes ist immer auch Ausbildung seines Wesens. Wesen ist die Gesamtheit aller ererbten und aller erworbenen Verhaltensweisen. Die ersteren sind in die Wiege gelegt; die letzteren sind Ergebnis der Erfahrungen und Begegnungen in und mit der Welt, sowie der Erziehung. Der gesamte Bereich des erworbenen Verhaltens unterliegt weitestgehend dem Einfluß und der Steuerung durch den Menschen. Alle Wesensanlagen, die positiven wie die negativen, können verstärkt oder abgeschwächt werden. Ein mit bestem Wesenspotential ausgestatteter Welpe kann durch den Einfluß von Umwelt und Erziehung verdorben werden. Andererseits können ererbte negative Verhaltenstendenzen durch günstige Umstände oder gezielte Maßnahmen nachhaltig kompensiert werden.

Wenn von ererbten Wesensproblemen die Rede ist, dann wird damit häufig entweder eine Tendenz zu aggressivem oder zu ängstlichem Verhalten gemeint. Beide Formen (nicht selten hängen sie zusammen) bedürfen gezielter und konsequenter verhaltenstherapeutischer Maßnahmen. Hierbei mag gesunder Menchenverstand manchmal ausreichen; in schweren Fällen wird man jedoch ohne den Rat eines erfahrenen Kynologen nicht auskommen. Bei Berner Sennenhunden beobachtet man bisweilen eine gewisse Ängstlichkeit, Schreckhaftigkeit, Menschenscheu im Alter zwischen vier und sechs Monaten. Das kann durchaus auch Hunde betreffen, die als Welpen in dieser Hinsicht vollkommen unauffällig waren. Ursachen dieser oft nur temporären Verhaltensstörungen sind kaum eindeutig benennbar. Auf jeden Fall ist es wichtig, in solchen Fällen ein behutsames, aber konsequentes Erziehungsprogramm anzuwenden, das auf Stärkung der Sicherheit des Hundes abzielt und eine Stabilisierng seines Verhaltens bewirkt. Gelegentlich hört man von Berner Sennenhunden, insbesondere Rüden, die dominant-aggressives Verhalten gegen ihre eigenen Menschen an den Tag legen. Ungehorsam, Knurren, Schnappen in der Familie ist immer Ausdruck einer Autoritätskrise. Diese Krise ist meistens die Spätfolge mangelnder Autoritätsbildung durch den Menschen während der Rangordnungsphase der Welpenentwicklung (vierter Monat) oder Ergebnis eines Autoritätsverlustes während der hundlichen Pubertätsphase (etwa sechster bis zehnter Monat).

Erziehung bedeutet immer auch Sozialisation. Die Ausformung der eigenen Persönlichkeit hängt auch ab von den Erfahrungen, die der Berner Sennenhund mit anderen Tieren, insbesondere anderen Hunden, sowie mit Menschen außerhalb seiner Familie macht. Erfahrungen kann man nicht vermitteln, sie müssen gemacht werden. Ein Berner Welpe muß frühzeitig Gelegenheit erhalten, mit Hunden aller Rassen und Größen in Kontakt zu kommen, ohne Einmischung seiner Menschen. Den kleinen Kerl beim Herannahen einer ausgewachsenen Dogge auf den Arm zu nehmen: falsch. Was soll er machen, wenn man ihn nicht mehr hochheben kann? Ihn von Menschen, ihren Stimmen, ihren Berührungen fernzuhalten? Einen größeren Fehler gibt es nicht. Mißtrauen schafft Unsicherheit. Unsicherheit erzeugt Aggression. Ihm die Nähe flatternder Markisen oder das Rattern von Zügen zu ersparen: falsch verstandene Welpenliebe. Zur Ausbildung von Sicherheit

Ein Berner Sennenhund mit souveränem Wesen hat auch vor großen Tieren keine Angst.

gehört Selbstvertrauen; das aber kann der kleine Berner nur entwickeln, wenn er seine eigene Stärke im Umgang mit anderen und anderem selbst erfährt.

Die zunächst abstrakt beschriebene Harmonie des Zusammenlebens hat eine Reihe durchaus praktischer Komponenten. Die Harmonie wird gestört, wenn der Berner zum Beispiel so an der Leine zerrt, daß der Mensch Gefahr läuft, umgerissen zu werden; wenn er mit verschlammten Pfoten an Besuchern hochspringt; wenn er beim Spazierengehen eine Richtung einschlägt, die den Vorstellungen seiner Begleiter nicht entspricht; wenn er einen gefundenen Gegenstand nicht aus den Zähnen läßt; wenn er im Restaurant begierig sabbernd auf die Teller starrt; wenn er sich unter bösem Knurren weigert, dem Tierarzt die Zähne zu zeigen; wenn er das Alleinsein zu Hause mit markerschütterndem Röhren oder destruktivem Verhalten quittiert; wenn er beim Flattern einer Markise erschreckt zur Seite springt; wenn er der freundlichen Annäherung von Menschen argwöhnisch ausweicht usw.

Ein Berner Sennenhund, das sei mit aller Deutlichkeit gesagt, muß gut erzogen sein. Seine Erziehung ist immer und ohne Einschränkung das Werk seiner Menschen. Falsches, schlechtes, gefährliches Benehmen des Hundes weist immer auf Versäumnisse, Versagen, Achtlosigkeit, Unfähigkeit seiner Menschen hin. Hundebesitzer sind in solchen Fällen sehr rasch dabei, von der eigenen Verantwortung abzulenken. Äußerungen wie: „Das macht er sonst nie," "Er will nur spielen," "Er wurde von seinem Züchter mißhandelt," "Er wurde als Welpe von einem großen Hund gebissen" usw. sind aber immer nur schlechte Ausreden. Als Entschuldigung taugen sie nicht. Professor Heim hat es schon vor achtzig Jahren in seiner bereits genannten Schrift ganz zutreffend festgestellt: „Der Hund ist, was die Menschen aus ihm gemacht haben, an seinen allfälligen Fehlern erkennt man mehr die Fehler des Lehrmeisters als angeborne Untugenden des Zöglings."

Es gibt eine Reihe von Verhaltensregeln, die ein Berner Sennenhund jederzeit und überall zuverlässig beherrschen muß: bei Fuß an der Leine gehen; auf Bitten seiner Menschen Sitz-, Steh- und Platzstellung einnehmen (Platz auch auf Distanz); in Platzstellung bleiben, bis er abgerufen oder abgeholt wird; auf ein Signal (Ruf, Pfiff) hin anhalten; auf Zuruf herankommen; überall problemlos allein bleiben; im Fang gehaltene Gegenstände freigeben.

Wie man dem Hund dieses Verhalten beibringt, kann hier nicht im einzelnen beschrieben werden. Dafür gibt es spezielle Literatur (siehe Anhang). Es gehört zu den selbstverständlichen Pflichten, sich vor der Ankunft des Welpen (besser: vor der Kaufentscheidung) intensiv mit der Problematik vertraut zu machen. Einige grundsätzliche Hinweise sollen jedoch gegeben werden.

Eine Binsenweisheit jeglicher Hundeerziehung lautet: „Was Mäxchen nicht lernt, lernt Max nur noch schwer." Erziehung muß sich die Erkenntnis zunutze machen, daß die optimale Lernfähigkeit bei einem Hund innerhalb der ersten vier bis fünf Monate liegt. Beim Berner Sennenhund kommt noch erleichternd hinzu, daß er seinen Menschen ohnehin immer alles recht machen will, daß er eine rasche Auffassungsgabe besitzt und daß er sehr sensibel ist. Er muß nur wissen, was man von ihm will. Erziehung beginnt am ersten Tag im neuen Heim. Die allererste erzieherische Maßnahme wird sein, den Welpen nach dem Aufwachen sofort hinauszuführen, damit er ein Bächlein machen kann. Nach dem letzten Tröpfchen wird er überschwenglich gelobt und bekommt ein Leckerle. Damit ist der Grundstein gelegt für die Stubenreinheit.

Ein wichtiges Element bei der Erziehung des Hundes ist der Einsatz des menschlichen Verstandes. Es geht darum, immer einen Schritt vorauszudenken. Das ist nicht schwer, wenn man weiß, was man will. Will man, daß der Welpe sein Häufchen nicht im Wohnzimmer sondern im Garten macht, und weiß man, daß er regelmäßig nach dem Essen muß, dann lautet die Konsequenz: sofort nach Tisch hinaus. Zum Prinzip des Vorausdenkens tritt noch das des Lobens. Das gilt in gleicher Weise für das Tadeln. Lob und Tadel sind die Grundpfeiler der Erziehung. Richtiges Verhalten wird gelobt; Lob ist — wer wüßte das nicht — etwas Angenehmes; die Erfahrung dieses Angenehmen (lobende Stimme, Streicheln, Leckerle) führt zu einer direkten Verstärkung des richtigen Verhalten. Umgekehrt gilt: Unerwünschtes Verhalten wird getadelt, in der Regel mit Wort und Blick. Tadel ist unangenehm; die Erfahrung des Unangenehmen (böse Stimme, unter

Umständen auch Schmerz) führt zu einer unmittelbaren Verhinderung des unerwünschten Verhaltens. Man weiß, daß Welpen gerne an Teppichfransen kauen, aber nicht sollen. Also wartet man, bis Bäri gedankenverloren knabbert, und: Pfuiii! Wenig später die gleiche Situation, und: Pfuiii! Falls erforderlich, ist auch ein Griff ins Nackenfell und ein kräftiger Schüttler erlaubt. Wem dabei der Kleine leid tut, der muß abwägen: jetzt Schütteln und damit für alle Zeit Erfolg haben, oder nicht Schütteln und sechs Monate später einen 35-Kilo-Brocken vom Fransen-Kauen abbringen (nur, wie?).

Welpen nagen gerne an allerlei Gegenständen herum. Das sieht putzig aus und kräftigt zudem das Gebiß. So weit, so gut. Was aber, wenn der Gegenstand zufällig die Fernbedienung des Video-Recorders ist? Huch! Lass los! Aus! Bleib stehen! Aus! Vergeblich. Wie war das noch mit dem Vorausdenken? Man gibt dem Welpen einen Knochen. Er freut sich, nagt genüßlich. Aus! Wie bitte? Aus! Die Hand greift über den Fang; ein kräftiger Fingerdruck gegen beide Seiten des Oberkiefers. Au! Der Knochen fällt zu Boden. Eine Woche lang täglich einmal geübt, dann weiß auch Bäri, was das Wort Aus! bedeutet.

Vertrauen bilden und gleichzeitig Dominanz entwickeln ist wichtig. Ein Berner Welpe muß täglich geliebt, gestreichelt, geknuddelt werden. Man fährt ihm über den Rücken, über den Bauch, die Beine entlang, man faßt die Rute an, schaut in die Ohren, berührt das Augenlid, öffnet den Fang, betastet die Zähne, man befingert die Zehen und befummelt den kleinen Unterschied. Während man Bäri dabei noch mit Honigstimme lobt, legt man ihn auf einmal flach auf die Seite und hält ihn fest, auch wenn er sich jetzt sträubt. Ganz kurz nur, dann mit Lob und Leckerle ihn belohnen für sein Wohlverhalten und gleichzeitig bestechen für das nächste Mal. Will sagen: jetzt ist die Zeit, wo man sich den kleinen Berner im wahrsten Sinne des Wortes körperlich unterwirft. Monate später wird sich der große Berner freiwillig auf ein Wort, auf ein Zeichen oder schon beim Anblick eines bestimmten Gegenstandes hinlegen, wird sich geduldig die Zähne putzen, eine Zecke entfernen, die Pfotenzottel schneiden oder eine Penisspülung machen lassen. Ein so erzogener Hund wird langfristig zu einem problemlosen, weil berechenbaren Mitglied der menschlichen Gesellschaft werden. Nachbars Kinder, Spaziergänger, Ausstellungsrichter, Postboten und Tierärzte werden dafür dankbar sein.

Ein Wort zum Gehen an der Leine. Kein Welpe, auch kein Berner, liebt es, an der Leine bei Fuß zu gehen. Ein Hund will rennen, stehen bleiben, schnüffeln, laufen. Die Leine hindert ihn daran. Er sträubt sich, zerrt nach vorn, bleibt sitzen, will den Kopf aus der Schlinge ziehen, prescht erneut nach vorn. Hier hilft nur eins: ein Ruck. Kein Zug — sondern ein Ruck! Beim nächsten mal: ein Ruck. Notfalls so stark, daß der Kleine dabei eine Rolle rückwärts macht. Ein paar Mal 15 Kilo zu rucken ist leichter als ein Leben lang gegen 45 Kilo Masse zu ziehen. Nach dem Ruck gibt's Lob und Freundlichkeit und Spiel. Am Nachmittag nochmal das gleiche. Natürlich dosiert man diese wie auch alle anderen Übungen zeitlich sehr fein. Man darf dem Kleinen nicht die Lust verleiden. Auf Leinengang folgt Wiesentollen, wie stets nach Arbeit gleich Vergnügen kommen soll (und vorher auch). Wichtig beim Erziehen eines Hundes sind auch Einfühlungsvermögen hinsichtlich der Belastbarkeit. Lernphasen müssen kurz sein und sie müssen immer mit einem Erfolgserlebnis für den kleinen Berner beendet werden. Lernerfolg setzt innere Ruhe des Menschen voraus. Wer gestreßt von der Arbeit nach Hause kommt oder wer sich gerade über den Steuerbescheid geärgert hat, ist nicht der geeignete Lernpartner für einen Hund. Geduld ist wichtig. Und die Einsicht, daß man dem Berner immer eindeutig klar machen muß, was man von ihm erwartet. Dazu gehört auch, daß im Zusammenhang mit einer Übung immer dieselben Worte und derselbe Tonfall verwendet werden. Präzision ist wichtig. Präzision auf seiten des Menschen und auf der des Hundes. Enger Körperkontakt ist wichtig. Je enger der Kontakt, desto leichter ist es für den Hund, auf die Impulse seines Menschen zu reagieren. All dies gilt für alle, auch die hier nicht weiter beschriebenen Bereiche der Erziehung.

Der Duft der großen, weiten Welt

Ein Punkt verdient noch besondere Erwähnung. Der Berner Sennenhund soll ja seine Menschen ein Leben lang begleiten, auf ihren Wegen, in ihrer Welt. Er soll ein zuverlässiger Partner sein, in sämtlichen Lebenslagen, an allen Orten, in jeder Beziehung. Damit er das leisten kann, genügt es nicht, ihn in der Geborgenheit und im Freiraum von häuslicher Umgebung, Garten, Wiese, Wald aufwachsen zu lassen. Vielmehr muß man ihm Gelegenheit geben, auch den Duft der großen, weiten Welt zu schnuppern: sei das nun der Gestank von Auspuffgasen oder der Geruch einer Bratwurst, seien es kosmetische Düfte oder der Schweiß fremder Menschen. Will sagen: Der kleine Berner muß — behutsam und allmählich — in die komplexe Welt der Menschen eingeführt werden. Heute hier und morgen dort. Bahnhof und Buchladen, Jahrmarkt und Wurststand, Boutique und Kaufhaus, Biergarten und Nobelrestaurant, Straßenbahn und Sessellift, Geburtstagsparty und Volkshochschule, Fahrstuhl und Tennisplatz, Baggersee und Alpengipfel. An der Seite seiner Menschen das alles zu erfahren, ist für den Berner mitnichten — wie manche Leute argwöhnen — eine Quälerei. Es eröffnet ihm vielmehr weitere Bereiche der Welt- und Lebenserfahrung und erschließt eine zusätzliche Dimension in der Partnerschaft mit seinen Menschen. Ein solchermaßen welterfahrener Berner Sennenhund gewinnt ein Maß an Lebenstüchtigkeit, das ihn für alle künftigen Situationen gerüstet sein läßt. Wohl dem, dessen Menschen ihm soviel Zukunftsvorsorge angedeihen ließen. Denn wer weiß, was das Leben noch alles in petto hat. Es kann ja durchaus vorkommen, daß so ein Berner Sennenhund aus dem beschaulichen Schwarzwald sich mit seinen Menschen plötzlich in den Straßen von San Francisco wiederfindet.

Zusammenfassend: Es ist die Verantwortung des Menschen, vom ersten Tag an alles (und alles rechtzeitig) zu tun, damit der

Körper, die Persönlichkeit und das Verhalten des Berner Sennenhundes sich in optimaler Weise entwickeln können. Das Ergebnis des menschlichen Tuns muß sein, daß der Berner am Ende seiner Entwicklung als hundliches Individuum ebenso lebenstüchtig und glücklich ist wie als soziales Wesen im Zusammenleben mit seinen Menschen und in deren Welt. An dieser Verantwortung führt kein Weg vorbei. Es muß daher mit aller Deutlichkeit zusammenfassend und abschließend gesagt werden: Nach einem Jahr ist der Berner Sennenhund das, was seine Menschen aus ihm gemacht haben.

Eine geballte Ladung Berner Welpenwonne.

Ein lebenstüchtig erzogener Berner Sennenhund macht auch in den Straßen von San Francisco eine gute Figur.

Kapitel Sechs

DER ERWACHSENE BERNER SENNENHUND

Alltagsleben

Körperpflege

Die neue Dimension des Seins

Aktives Leben

Autofahren

Urlaub

Rücksicht auf Andere

Lebensabend

Liebe des Berner Sennenhundes zu seinen Menschen ist nzenlos.

Alltagsleben

Das Leben mit dem erwachsenen Berner Sennenhund ist zunächst einmal die organische und konsequente Fortsetzung des vorangegangenen Lebensabschnittes, angepaßt an das veränderte Entwicklungsstadium. Was das Schlafen angeht, so ändert sich eigentlich nicht allzuviel. Auch ein erwachsener Berner kann schlafen wie ein Murmeltier. Jede Phase erhöhter körperlicher Aktivität wird sogleich kompensiert durch eine ausgiebige Schlafphase. Zeiten der Nichtbeschäftigung werden überbrückt mit Schlafen. Je weniger aktiv seine Menschen sind, je weniger im und ums Haus los ist, desto mehr schläft der Hund. Eine Veränderung betrifft möglicherweise die Fütterung. Ob man zwei Mahlzeiten auch für den ausgewachsenen Berner Sennenhund beibehält, oder ob man jetzt nur noch einmal täglich füttert, hängt von den individuellen Lebensumständen ebenso ab wie von der Konstitution des Hundes. Da bei der Rasse Magendrehungen relativ häufig vorkommen, sind zwei kleinere Mahlzeiten sicher besser als eine große, um den Magen nicht zu überfüllen. Die Futtermenge bemißt sich immer auch nach der körperlichen Belastung. Ein Berner, der den ganzen Tag nur dösend auf der Terrasse liegt, hat einen geringeren Kalorienbedarf als einer, der häufig Bergwanderungen macht, Agility betreibt oder als Fährtenhund arbeitet. Ein Einzelhund bewegt sich in der Regel weniger als einer von mehreren, und hat einen entsprechend geringeren Futterbedarf. Berücksichtigen sollte man immer auch, daß Berner Sennenhunde in der Regel sehr gute Esser (um nicht zu sagen: Fresser) und ebenso gute Futterverwerter sind. Der mengenmäßige Nahrungsbedarf eines ausgewachsenen Berners wird meistens überschätzt. Die Mehrzahl der Hunde wird nicht zu knapp sondern eher zu reichlich gefüttert. Auch für den Hund gilt: Übergewicht ist ungesund. Wer seinen Berner gut im Auge behält, sieht selbst am besten, wann es angezeigt ist, auf reduzierte Kalorienzufuhr umzusteigen oder einen Fastentag einzulegen. Wenn man das in Bezug auf die Statur ideale Gewicht des Hundes herausgefunden hat, sollte man es durch regelmäßigen Gang auf die Waage (Tierarzt) kontrollieren.

Bezüglich der Zusammensetzung der Nahrung gilt im Grunde, was bereits im Kapitel über den jungen Berner gesagt wurde. Modellhaft sei hier der Basis-Speiseplan eines ausgewachsenen Hundes vorgestellt:

Frühstück:
1 Scheibe Vollkornbrot, mit Butter bestrichen und/oder mit Käse belegt.

Hauptmahlzeit:
400 gr Kopf- oder Kronfleisch (Rind), in wenig Wasser gekocht (die Fleischbrühe macht das Essen feucht, aber nicht suppig),
2 Tassen (Gemüse-)Flocken (alternativ Nudeln oder Reis),
1 geriebene Karotte, roh (alternativ andere Rohkost/Gemüse),
1 EL kaltgepreßtes Distelöl oder Leinöl, etwas Knoblauch (3 Kapseln oder 1 Zehe), eine gewichtsbezogene Dosis einer Vitamin-Spurenelemente-Kombination, 2 x wöchentlich 1 Eigelb

Betthupferl:
1 Stückchen Käse oder etwas Obst der Saison.

Für den erwachsenen, insbesondere den älteren Berner Sennenhund ist Gelee von ausgekochten Kalbsfüßen (oder, wenn das zu umständlich ist, pulverisierte Gelatine) ein ausgezeichnetes Prophylaktikum vor bzw. Therapeutikum gegen Gelenkerkrankungen.

Die Eßlust des Berner Sennenhundes ist ungleich höher entwickelt als sein Bewegungsdrang. Ein einzeln gehaltener Berner kann stundenlang liegend seine Umwelt betrachten, dösen und schlafen (Liegeschwielen an den Ellbogen sind eine bekannte Folge). Er wird zwischendurch zwar aufstehen und eine gemächliche Runde durch den Garten drehen, wird hier mal schnuppern, dort mal das Bein heben. Viel weiter — oder gar schneller — wird er aber ohne konkreten Anlaß sich selten bewegen wollen. Ein großes Gartenrevier ist zwar aus mancherlei Gründen für den Hund schön; als Ersatz für Auslauf kann es allerdings nicht herhalten. Natürlich hängt die Eigenbewegung des Hundes auch ab vom individuellen Temperament und von den familiären Umständen. In der Regel aber gilt: ein Berner Sennenhund ruht in sich selbst. Er muß deshalb bewegt werden. Für den ausgewachsenen (und nicht anderweitig beschäftigten) Berner sollte man im Normalfall etwa zwei Stunden Bewegung ansetzen, am besten verteilt auf je einen Spaziergang am Morgen und am späteren Nachmittag. An Wochenenden sind längere Unternehmungen jederzeit willkommen. Der Zeitaufwand in Sachen Bewegung ist schon allein deshalb relativ groß, weil der erwachsene, insbesondere der ältere Einzelhund eben nicht galoppierend über die Wiesen jagt, vorausprescht, abseits stöbert, hin- und herhetzt, sich auf diese Weise körperlich verausgabt und müde rennt; vielmehr begleitet er normalerweise im gemächlichen Trottelgang seine Menschen. Auch für einen häuslichen Berner Senn gehören diese Spaziergänge zum Schönsten, was es für einen Hund gibt. Mit der Nase am Boden sich von Duft zu Duft zu schnüffeln, ist für ihn so herrlich, daß er darüber für Augenblicke fast seine Begleitung vergessen könnte. Aber eben nur fast. Denn ohne seine Menschen wäre das Ganze nur halb so schön. Auch wenn sie nicht mitschnüffeln, so sind sie doch wenigstens dabei. Insofern gehören die regelmäßigen Ausgänge natürlich zum geliebten Tagesritual des Berner Sennenhundes. Ihnen sieht er voller Erwartung entgegen, auch wenn er das vielleicht nicht durch ungeduldiges Drängen zu erkennen gibt. Wenn es erst einmal soweit ist, wenn der Mensch sich anschickt, die Wiesenschuhe zu holen, ist der Berner auf einmal hellwach und kann vor übermütiger Freude japsen und fiepen und bellen. Nichts scheint ihm größeres Vergnügen zu bereiten, als mit seinen Menschen auszugehen. Ähnlich unbändig äußert sich seine Freude nur, wenn letztere — nach einem Ausflug ohne ihn — nach Hause zurückkehren.

Körperpflege

Der Berner Sennenhund besticht durch die natürliche Schönheit seines prächtigen Haarkleides. Obwohl das Fell — wie ein guter Berber-Teppich — sehr schmutzabweisend ist und sich weitgehend selbst reinigt, ist regelmäßige Pflege (mindestens zweimal wöchentlich) mit Kamm und Bürste unabdingbar. Besondere Gründlichkeit ist während

Regelmäßiges Bürsten — für den Menschen eine Pflicht, für den Hund ein wohliger Genuß.

des Haarwechsels (Haarung, Härung) angezeigt. Als Werkzeug empfiehlt sich ein Stahlkamm (zweiseitig, mit verschieden weitem Zinkenabstand) sowie zwei Bürsten (eine mit Stahl-, die andere mit Naturborsten). Man beginnt jeweils mit dem breiten Kamm, um die Haare gut zu trennen (insbesondere hinter den Ohren und an den Hosen). Starke Verfilzungen werden abgeschnitten. Danach arbeitet man den ganzen Körper mit der Stahlbürste durch, erst gegen, dann mit dem Haarstrich. Anschließend folgt das Glanzbürsten. Ganz zum Schluß kann man mit einem feuchten Tuch noch für den letzten Pfiff sorgen. Ein auf diese Weise regelmäßig gepflegter Berner Sennenhund, der zudem optimal ernährt wird und viel an die frische Luft kommt, wird immer ein wohlriechendes, glänzend-schönes Fell haben.

Allzu häufiges Baden führt zu starker Austrocknung und Entfettung von Haut und Haar, wodurch der natürliche Kälte-, Wasser- und Schmutzschutz be-

Absolutes Vertrauen zum Menschen ist Grundvoraussetzung für problemloses Duschen.

beeinträchtigt wird. Wenn keine medizinische Indikation (z. B. Parasitenbefall, Dermatosen) oder außergewöhnliche Verschmutzung vorliegen (z. B. nach Suhlen in Jauche), genügt es, den Hund ein- bis zweimal im Jahr zu duschen. Man verwendet ein mildes, leicht rückfettendes Spezial-Shampoo, auf keinen Fall ein für den Menschen bestimmtes haarkosmetisches Mittel. Wichtig: Lose Haare vorher auskämmen; die Ohren des Hundes mit Watte verschließen, damit kein Wasser eindringt; Augen mit einem Tuch abdecken; Zehenzwischenräume, Anal- und Genitalbereich nicht vergessen; das Wasser sollte handwarm sein. Während der ganzen Prozedur redet man beruhigend mit dem Hund. Danach darf er sich schütteln, wälzen, ausrennen und — nachdem er kräftig abgerubbelt ist — in der Sonne (oder im Haus) trocknen. Die Verwendung eines Föns ist nicht zu empfehlen, da sonst das Haar stark austrocknet und „fliegt“. Gründliches Bürsten bildet den Abschluß.

Im Zusammenhang mit der Fellpflege werden auch andere Hygiene-Maßnahmen routinemäßig durchgeführt. In der warmen Jahreszeit sucht man täglich den ganzen Körper des Hundes nach Zecken ab (siehe Kapitel „Gesundheit“). Die Haare zwischen den Pfoten-Ballen verkleben leicht und drücken dann schmerzhaft. Deshalb schneidet man sie regelmäßig mit einer gebogenen, stumpfen Schere. Bei einem Berner, der normalen Auslauf hat, brauchen die Krallen üblicherweise nicht geschnitten zu werden. Erforderlichenfalls verwendet man eine spezielle Zange, läßt sich aber sicherheitshalber (Verletzungsgefahr !) vorher zeigen, wie das gemacht wird. Im Zweifelsfall überläßt man diese Maßnahme dem Tierarzt. Augensekret wischt man mit einem nicht-fusselnden Tuch ab. Regelmäßig werden auch die Ohren kontrolliert. Häufig befinden sich lose Haare in der Ohrmuschel oder am Anfang des Gehörganges. Diese Haare entfernt man je nach Lage entweder mit Wattestäbchen oder mit einer Pinzette, die gekröpft ist und abgerundete Spitzen hat. Die besondere Form dieser Pinzette erlaubt es, an den Fingern vorbei direkt auf die Spitze zu schauen, wodurch man sichere Kontrolle über das Instrument hat. Auf gar keinen Fall darf man im Gehörgang herumstochern. Normales Ohrschmalz in der Muschel wird vorsichtig mit Wattestäbchen oder einem weichen Tuch entfernt. Die Anwendung besonderer Reinigungsmittel ist nur bei medizinischer Indikation (z. B. Ohrzwang durch starke Verschmutzung, Milben, Erkältung) erforderlich und wird durch den Tierarzt bestimmt.

Mindestens einmal wöchentlich wird das Gebiß kontrolliert. Die Bildung von Plaque und Zahnstein ist auch beim Berner Sennenhund individuell ver-

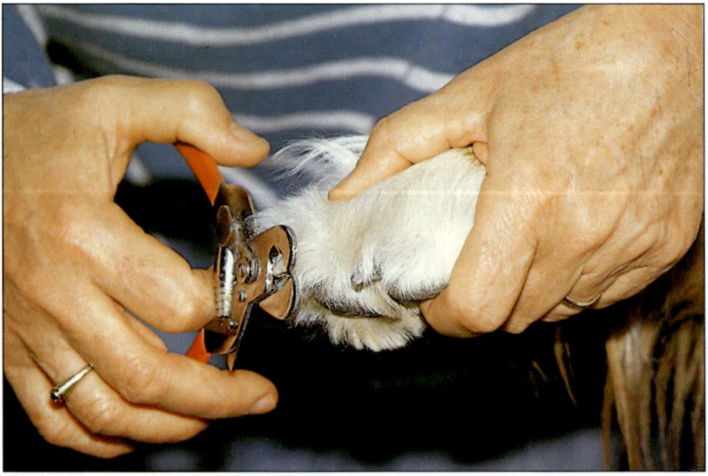

Ein fester Griff und eine gefühlvolle Hand sind beim Krallenschneiden erforderlich.

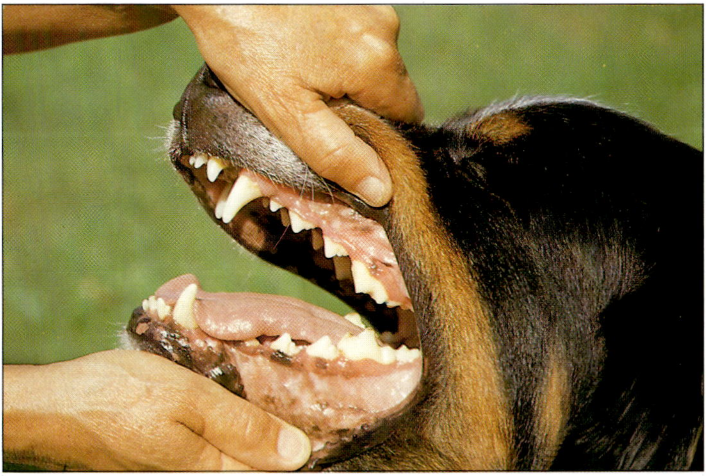

Ein Hund, der vom Welpenalter an daran gewöhnt wurde, läßt auch später die Gebißkontrolle gelassen über sich ergehen.

schieden. Die Zusammensetzung des Speichels spielt hier ebenso eine Rolle wie das Alter des Hundes, das verabreichte Futter (ungenügende Kautätigkeit) oder das Wasser (Kalkgehalt). Wenn es trotz regelmäßiger Fütterung von hartem Brot, Kalbsknochen usw. zur Plaque-Bildung kommt, ist regelmäßiges Zähneputzen angezeigt. Dabei verwendet man eine normale Kurzkopf-Zahnbürste mittlerer Härte. Als Reinigungssubstanz eignet sich eine spezielle Hunde-Zahncreme oder Schlämmkreide (Apotheke), die mit ein paar Tropfen Wasser angerührt wird. Natürlich funktioniert das Zähneputzen umso besser, je früher der Hund an die Prozedur gewöhnt wird. Hat sich erst einmal Zahnbelag gebildet, muß er vom Tierarzt unter Narkose mittels Ultraschall entfernt werden.

Rüden werden regelmäßig auf Vorhautkatarrh (gelblicher bis gelblich-grüner Ausfluß) untersucht. Bei Bedarf wird eine Penisspülung vorgenommen (Erstanleitung durch den Tierarzt). Bei Hündinnen achtet man stets auf außergewöhnlichen Scheiden-Ausfluß, der dann ebenfalls mit dem Tierarzt besprochen wird. Über die Sauberkeit der Analgegend verschafft man sich routinemäßig Gewißheit. Kotverklebungen in den Haaren des Afterbereichs kämmt man vorsichtig aus oder entfernt sie mit einem Tuch und warmem Wasser.

Die neue Dimension des Seins

Das Leben mit einem erwachsenen Berner Sennenhund gewinnt — bei aller Kontinuität — eine neue Dimension und Qualität. Ein Berner, der im Verlauf des ersten Jahres von seinen Menschen optimal für das Leben vorbereitet wurde, ist jetzt ein zuverlässiger, berechenbarer, problemloser Partner für alle Lebenssituationen. Jetzt macht sich die Zeit und Mühe bezahlt, die man während der ersten Monate investiert hat. Je mehr der

Mensch gemeinsam mit dem Hund unternehmen kann, umso enger schließt sich dieser ihm an. Man lebt jetzt wirklich miteinander. Dieses Zusammenleben erhält sein besonderes Gepräge durch eine Reihe von Eigenschaften, die den Berner Sennenhund besonders auszeichnen.

Der Berner Sennenhund ist ein zärtlicher Bär. Er kann nicht genug bekommen von der Nähe, der Wärme, der Zärtlichkeit seiner Menschen. Diese Zärtlichkeit fordert er, wenn nötig, auf seine Weise ein. Er stubst den Menschen mit der Nase an; er legt ihm erwartungsvoll das Kinn auf das Knie; er erhebt die Pfote zu sanftem Tritt; er drängt die Schnauze unter einen Arm; er setzt sich ihm auf die Füße, schmiegt seinen Rücken an seine Beine, wirft den Kopf zurück und bietet Hals und Brust zum Kraulen dar. Die Formen der Zärtlichkeits-Erheischung sind vielfältig und wirkungsvoll.

Der Berner Sennenhund hat ein überaus sensibles Gemüt. Trotz aller Masse ist er ein Freund der leisen Töne. Laute Stimmen mag er nicht. Man muß mit ihm reden, wie mit einem Menschen. Mal kindlich-lieb, mal erwachsen-vernünftig.

Der Berner will Liebe und Respekt in der Stimme seiner Menschen hören. Gibt es einmal Anlaß zur Rüge, dann genügt ein tadelnder Tonfall und schon kommt Bäri mit vergebungheischendem Blick und wedelndem Schwanz herbei, um gut Wetter zu machen.

Der Berner Sennenhund ist harmoniesüchtig. Friede, Freude, Eierkuchen ist das Prinzip, unter dem er das Familienleben sehen möchte. Ein Wortwechsel zwischen seinen Menschen, schon drängt er sich eintrachtstiftend zwischen sie. Wenn nötig, auch mit Knurren; im Extremfall zerrt er den in seinen Augen Schuldigen am Ärmel weg. Die Hand dürfte ein Familienmitglied gegen ein anderes nicht erheben; da ginge Max ernsthaft böse dazwischen.

Der Berner Sennenhund ist auf liebenswert-charmante Weise eifersüchtig. Wenn sich seine Menschen in die Arme schließen, will er dabei sein. Gelingt es ihm nicht, sich dazwischen zu schieben, dann nimmt er den nächstbesten Gegenstand zwischen die Zähne und rennt davon. Auf diese Weise kann er sicher ein, daß sich die Aufmerksamkeit der Menschen ihm zuwendet.

Der Berner Sennenhund ist anpassungsfähig bis zur Selbstaufgabe. Kein Platz ist ihm zu unbequem, keine Strapaze zu groß, kein Klima zu beschwerlich, wenn er nur bei seinen Menschen sein kann. Ausgeschlossen zu sein ist für ihn die größte Strafe. Sein Gesichtsausdruck in solcher Situation ist eine sprechende Mischung aus beleidigt, vorwurfsvoll und bittend. Überhaupt: ein Berner Sennenhund hat tausend Gesichter: fröhlich, interessiert, lustig, verschmitzt, traurig, zornig, ungeduldig, böse, gelangweilt, unwillig, verträumt, schmollend, philosophisch, nachdenklich, hoheitsvoll, unnahbar, verwirrt, überheblich, ergeben, ablehnend, angewidert, duldsam, herablassend, dankbar, würdevoll, zufrieden, glücklich usw. Die Vielfalt seiner Gesichter ist so groß wie die seiner Gefühle und Stimmungen.

Aktives Leben

Das Leben eines Berner Sennenhundes ist immer so wie das seiner Menschen. Es kann ruhig

Ein Berner Sennenhund hat tausend Gesichter.

und beschaulich sein; es kann monoton und langweilig sein; es kann ereignisreich, vielseitig, interessant und aufregend sein. Idealerweise darf der Berner zusammen mit seinen Menschen ein volles Leben führen, angefüllt mit Aktivitäten, die seiner Natur entsprechen; gespickt mit Aufgaben, die ihm das Gefühl geben, wichtig zu sein; reich an gemeinsamen Unternehmungen, die das Gefühl der Zusammengehörigkeit verstärken.

Natürlich läßt man den Berner Sennenhund am ganz normalen Familienleben teilhaben. Man nimmt ihn mit zum Einkaufen, zum Besuch bei Freunden, in die Autowerkstatt und zum Kegelausflug. Andererseits gehört zu diesem Leben auch, daß der Hund bisweilen allein zu Hause bleibt. Ein Berner, der vom Welpenalter an daran gewöhnt wurde, erträgt das Alleinsein für ein paar Stunden mit Gelassenheit. Mit einem Berner Sennenhund

Der erwachsene Berner Sennenhund ist ein ausdauernder und freudiger Jogging-Partner.

kann man einfach nur im Gras liegen und träumen, die Wärme des Bodens, den Duft der Blumen, das Summen der Bienen genießen. Einem Berner kann man stundenlang Geschichten erzählen. In ihm hat man einen geduldigen und aufmerksamen Zuschauer bei der Gartenarbeit.

Mit einem Berner kann man, je nach eigener Lust und Kondition, spazierengehen, wandern, joggen, radfahren. Gerade beim Radfahren sind jedoch einige Dinge zu beachten. Zunächst läßt man den Hund ausgiebig schnüffeln und Bäche machen; dann fährt man in langsamem, dem Hund angepaßtem Tempo, ohne Leine, am besten auf schattigen Waldwegen; will er schnüffeln, hält man an und wartet, bis er fertig ist; wenn es dann weiter geht, achtet man darauf, daß der Hund trabt; geht er im Paßgang, hält man erneut an und startet dann wieder. Normalerweise wird der Hund freudig und ausdauernd mitlaufen. Nach einer Weile kann man ihn dann auch (zur Förderung eines koordinierten Verhaltens) für eine kurze Strecke an die — lockere — Leine nehmen. Es versteht sich von selbst, daß man längere Unternehmungen so plant, daß unterwegs Trinkmöglichkeit für den Hund besteht. Gegebenenfalls nimmt man eine Wasserflasche mit. Gewöhnt man seinen Berner frühzeitig an eine Packtasche, dann trägt er seinen Proviant bei Wanderungen auch gerne selber.

Natürlich nimmt man in der warmen Jahreszeit besondere Rücksicht auf den Hund. Ein

Berner leidet aufgrund seines dichten Haarkleids und der schwarzen Farbe besonders unter Hitze. Im Sommer führt man ihn daher frühmorgens und spätabends aus. Tagsüber läßt man ihn an einem schattigen und kühlen Ort seiner Wahl ruhen. Berner Sennenhunde bevorzugen kühle und kalte Temperaturen und sie lieben den Schnee. Wer einmal beobachtet hat, mit welcher Wonne ein Berner sich im reifbedeckten Gras oder im Schnee wälzt, wie er mit Anlauf einen Purzelbaum schlägt und auf dem Rücken drei, vier Meter weit rutscht, der weiß, daß der Winter seine liebste Jahreszeit ist. Bei Spaziergängen im Schnee begleitet er seine Menschen mit Begeisterung, und — kräftesparend — immer in deren Spur. Die Freude an winterlichen Ausflügen wird allenfalls getrübt durch den Schmerz, der entsteht, wenn sich Schneeklumpen zwischen den Zehen und Ballen bilden. Vorbeugend hilft hier, die Haare an den Pfoten ganz kurz zu halten und die Ballen vor dem Ausgehen mit Vaseline oder Melkfett einzureiben.

Neben der Teilhabe am normalen Leben als Partner bzw. als Familien-Begleithund kann man mit dem Berner Sennenhund auch gezielte Aktivitäten ausüben. Dabei kann man sich auf die ursprüngliche Arbeitsfreude der Hunde verlassen. Ihre Begeisterung, Aufgaben zu übernehmen, ist groß. Sie sind glücklich und zufrieden, wenn sie nur für und mit ihren Menschen etwas leisten können. Wer einmal gesehen hat, mit welch ungeduldiger Freude Berner Sennenhunde auf einem Schweizer Bauernhof darauf warten, eingeschirrt zu werden, und mit wieviel Geschick und Elan sie den schweren Milchkarren stolz durchs Dorf zur Käserei ziehen, der erkennt unschwer, daß eine Ausbildung zum Zughund dem Wesen und der körperlichen Fähigkeit dieser Hunde in natürlicher Weise entspricht. In der Schweiz (neuerdings auch in den angelsächsi-

Lange Haare zwischen den Pfotenballen begünstigen die Bildung von Eisklumpen, die beim Laufen Schmerzen verursachen.

Hindernislauf - der Sprung über eine Hürde dieser Höhe ist für einen Berner mit gesunden Gelenken kein Problem.

schen Ländern) pflegt und fördert man denn auch mit Erfolg die Arbeit mit dem Berner als Zughund. Auch die Ausbildung zum Begleithund, zum Fährtenhund, zum Sanitätshund, zum Lawinenhund kann einem Berner Senn gut und gerne zugemutet werden (vorausgesetzt, der Mensch hat Spaß daran). Das neuerdings auch hierzulande populär gewordene „Agility" ist eine Form der sportlichen Betätigung, die Berner Sennenhunden sichtlich Freude bereitet und ihnen gut tut (ihren Menschen übrigens auch). Bei dieser aus England stammenden Sportart geht es darum, in harmonischer und disziplinierter Partnerschaft einen variabel gestalteten Hindernis-Parcours möglichst fehlerfrei und in möglichst kurzer Zeit zu absolvieren. Zur Information über alle diese Aktivitäten gibt es ausgezeichnete Spezial-Literatur in Hülle und Fülle.

Wer hingegen zweifelhaftes Vergnügen daran findet, einen Hund auf Menschen zu hetzen und diese beißen zu lassen, der sollte dafür keinen Berner Sennenhund mißbrauchen. Ein normaler Berner ist instinktsicher. Er erkennt Gefahr, wenn er sie sieht, und reagiert entsprechend eindrucksvoll. Er braucht nicht „auf den Mann" abgerichtet zu werden. Bei einem unsicheren Hund ist solches Training nachgerade gefährlich. Will man ihm und sich etwas Gutes tun, so sollte man ihn lieber einem persönlichkeits - stabilisierenden Verhaltenstraining unterziehen. Dem Wesen der Rasse gemäßer und zudem menschlich verdienstvoller wäre es, wenn die Zuchtvereine auch hierzulande eine Ausbildung propagieren würden, die sich in den angelsächsischen Ländern seit langem großer Beliebtheit erfreut: Dort nämlich werden Berner Sennen mit bemerkenswertem Erfolg für therapeutische Zwecke in der Betreuung kranker oder behinderter Menschen (besonders ganz junger und ganz alter) eingesetzt. Insgesamt hätte die Förderung der guten Gebrauchseigenschaften des Berner Sennenhundes auch Auswirkungen auf die Zuchtprogramme der Clubs mit dem Ergebnis einer noch stärkeren Berücksichtigung des Wesens der Rasse.

Obwohl auch die Rasse-Clubs sich das Zuchtziel „Langlebigkeit“ schmückend auf die Fahnen geschrieben haben, fristet der alte Berner Sennenhund hierzulande ein kärgliches Mauerblümchen-Dasein. Bei Ausstellungen wird die sogenannte Veteranenklasse eher stiefmütterlich beachtet. Selbst bei nationalen Clubschauen ist die Zahl der vertretenen Veteranen absolut und im Vergleich etwa zu ähnlichen Anlässen in den angelsächsischen Ländern enttäuschend klein. Wenn überhaupt, so werden selten mehr als zwei oder drei Senioren ausgestellt. Angesichts der genetischen Bedeutung von Langlebigkeit und Vitalität sollte man deutlichere Anstrengungen erwarten dürfen, alte Hunde in den Blickpunkt des Interesses zu rücken und auch möglichst viele von ihnen für züchterischen Einsatz zu gewinnen.

Eine rühmliche Ausnahme bilden in diesem Zusammenhang die in der Schweiz veranstalteten Altersfrische-Wettbewerbe für Hunde aller Rassen, die minde-

Mit lockerem Sprung durch den Reifen.

Zwei vitale zehnjährige Brüder aus Schweizer Zucht.

stens neun Jahre alt sind. Hier kann man neben vielen einzelnen Bernern gelegentlich sogar ganze Zuchtgruppen von beachtlicher Größe sehen. Es setzt freilich ein starkes Engagement des Züchters voraus, die Besitzer alter Hunde aus seiner Zucht zur Teilnahme zu motivieren.

Ein solcher Wettbewerb besteht aus einer tierärztlichen Untersuchung (Konstitution, Kondition und Pflegezustand) und aus einer kynologischen Begutachtung mit den Sparten: Allgemeines Verhalten, Beziehung zum Führer, Reaktion auf optische und akustische Einflüsse sowie Geruchssinn. Hier demonstriert sich in eindrucksvoller

Weise die Verwirklichung des Idealziels der Hundezucht: Gesundheit, Wesenfestigkeit, Langlebigkeit — auf Schönheit kommt es nicht (mehr) an; sie ist allenfalls das gewiße Extra zur Krönung. Die Veranstaltungen sind (eine erfreuliche Ausnahme im sonst weitgehend kompetitiven Hundewesen) erfreulich frei von Hektik, Konkurrenzdruck und Neid. Teilnehmen ist wichtiger als Siegen. Am Ende gehen alle Hunde (und ihre Menschen) als Sieger vom Platz, hat doch jeder einzelne von ihnen etwas demonstriert, das mehr wert ist als jedes Schönheits-Championat: alt zu werden in Gesundheit, Vitalität und Würde.

Autofahren

Fahrten im Auto gehören für einen Berner Sennenhund zu den festen Bestandteilen des Lebens. Vom Welpenalter daran gewöhnt, fährt ein Berner gerne Auto. Schließlich bedeutet jede Fahrt eine gemeinsame Unternehmung auf engstem Raum mit seinen Menschen. Dabei ist es unerheblich, ob die Reise in einem Kombi, einem Van oder einem Kleinwagen stattfindet. Platz ist in der kleinsten Kiste. Allerdings ist der Hund kein sperriges Transportgut, sondern ein Reisegefährte, den man selbstverständlich weder in einen speziellen Hundeanhänger noch gar — unter Verwendung eines sogenannten Dog-Hecks — in den Kofferraum einsperrt.

Unabhängig von der Größe des Fahrzeugs gehören folgende Gegenstände zur obligatorischen Grundausrüstung, wenn man mit dem Berner Sennenhund eine längere Fahrt unternimmt: ein mit frischem Wasser gefüllter Kanister, ein ausreichend großer Futtervorrat, ein Napf, eine Decke, ein Handtuch, Kamm und Bürste, ein paar Wattestäbchen, ein paar Tüten (für den Fall, daß der Hund unterwegs an ungeeigneter Stelle ein Häufchen setzt), ein paar Leckerle, eine Ersatzleine und eine Zeckenpinzette.

In regelmäßigen Abständen macht man Pause und gibt dem Hund Gelegenheit, sich zu bewegen. Zugluft ist zu vermeiden (Augen). Bei sommerlicher Tageshitze mutet man einem Berner Sennenhund eine Fahrt im Auto ohne Klimaanlage nicht zu. Bei hohen Temperaturen läßt man den Hund niemals allein im Auto zurück, auch dann nicht, wenn Fenster und/oder Schiebedach geöffnet sind. Als Überlebensregel gilt: beim Öffnen der Autotür bleibt der Hund solange sitzen/stehen, bis er herausgerufen wird. In verkehrsreicher Lage legt man ihm zuvor die Leine an.

Urlaub

Es sollte sich von selbst verstehen, daß man den Urlaub gemeinsam mit seinem Berner Sennenhund verbringt. Wer das nicht möchte, muß den Hund frühzeitig daran gewöhnen, bei anderen Menschen (nicht im Tierheim) zurückgelassen zu werden. Wer das regelmäßig tut, läßt allerdings erkennen, daß ihm der Hund nicht besonders wichtig ist. Dieser wird den Mangel an Zuneigung dadurch kompensieren, daß er sich von seinem Menschen emanzipiert. Er macht sich gewissermaßen emotional unabhängig, läßt sich überall deponieren, paßt sich an, kommt überall und mit jedem

Ein Berner Sennenhund ist auch beim Strandspaziergang ein spielfreudiger Partner.

zurecht, wird im Sinne des Besitzers „pflegeleicht." Eine optimale Beziehung zwischen Mensch und Hund kann unter diesen Bedingungen nicht entstehen. Eine distanzierte Gleichgültigkeit tritt anstelle jener Innigkeit, die das Zusammenleben mit einem Berner Sennenhund erst schön macht.

Gemeinsamer Urlaub bringt allerdings eine Reihe von Einschränkungen mit sich. Radtouren durch die Bretagne scheiden ebenso aus wie eine Kreuzfahrt auf dem Nil oder eine Kunstfahrt nach Rom. Tagsüber surfen und abends in die Disco läßt sich in Begleitung eines Berner Sennenhundes auch schlecht machen. Reisen in sogenannte Quarantäne-Länder (z.B. Großbritannien, Schweden, Norwegen) sind nicht möglich. Die Strapaze einer Flugreise wird man dem Hund wegen eines kurzen Aufenthaltes auch nicht zumuten. Die klimatischen Bedingungen am Urlaubsort müssen für den dickfelligen Hund erträglich sein; wenn also Strand, dann nicht gerade Spanien im August. Urlaub im Hotel ist mit einem gut erzogenen Berner kein Problem. Besser freilich eignet sich eine Ferienwohnung oder ein Haus. Wichtig ist einfach, daß man ihn nicht nur mitnimmt, sondern ihn an den Aktivitäten des Urlaubs teilhaben läßt. Ferienglück pur ist für den Berner Sennenhund eine Reise im Wohnmobil.

Rücksicht auf Andere

Wer seinen Berner Sennenhund als Begleiter in (fast) allen Lebenssituationen bei sich haben will, der ist in hohem Maße angewiesen auf das Verständnis und die Toleranz seiner Mitmenschen. Die Bereitschaft anderer Menschen, einen fremden (und noch dazu: einen großen) Hund als gesellschaftliches Mitgeschöpf zu akzeptieren, wird umso größer sein, je positiver der Hund auffällt. Das setzt einerseits voraus, daß der Hund im Sinne der menschlichen Verhaltensnormen gut erzogen ist (also in der Straßenbahn nicht bellt, im Restaurant nicht sabbernd am Tisch sitzt, auf der Straße Passanten nicht ankläfft usw.). Andererseits muß vom Besitzer des Hundes ein möglichst hohes Maß an Rücksichtnahme auf die Befindlichkeit seiner Mitmenschen erwartet werden. Dazu gehört auch Verständnis dafür, daß nicht jedermann bei Anblick des Berner Sennenhundes in Entzücken gerät. Ebenso wichtig ist, daß man seinen Hund in Gegenwart anderer Menschen stets an der Leine und eng bei sich führt. Begegnet man in freier Natur Spaziergängern (mit oder ohne Hund), ruft man den eigenen Hund zu sich und verständigt sich zunächst durch Wort oder Geste mit den anderen Menschen. Sind diese einverstanden, kann man ihn wieder freilassen. Ausflüge in bewohnte/belebte Gegend finden erst statt, wenn der Hund zuvor seine Toilette verrichtet hat. Für den Notfall aber führt man immer eine entsprechende Tüte mit sich (und benutzt diese auch). Bei Annäherung kleiner Kinder nimmt man den Hund auf jeden Fall zu sich. Auf einen Dreijährigen wirkt ein Berner Sennenhund wie ein Riesenmonster. Sind die Eltern einverstanden, dann darf das Kind den Bäri streicheln, wobei dieser sich am besten hinsetzt oder legt.

Lebensabend

Wer das Glück hat, viele Jahre gemeinsam mit seinem Berner Sennenhund verbracht zu haben, dem braucht man nichts darüber zu erzählen, wie sich das Leben im Alter gestaltet. Es ist klar, daß man den alten Berner noch respektvoller behandelt als früher; daß man großzügiger wird, dem Senior Dinge erlaubt, die früher verboten waren (und sei es nur das gelegentliche Auslecken einer Eiscreme-Schale oder das Liegen auf der Couch); daß man veränderte Verhaltensweisen (in der Schweiz liebevoll „Altersmödeli" genannt) wohlwollend toleriert; daß man Rücksicht nimmt auf die veränderte körperliche und psychische Befindlichkeit des Veteranen; daß man sich also darauf einstellt, daß seine Beweglichkeit nachläßt, daß er noch sensibler wird, etc.; daß die Spaziergänge kürzer und die Schlafphasen länger werden; daß die Mahlzeiten nach Menge und Zusammensetzung den veränderten Bedürfnissen angepaßt werden (geringerer Energiebedarf, erhöhte Vitamin- und Mineralstoffzufuhr, besonders leichte Verdaulichkeit usw.); daß man dem Hund Hitze noch weniger zumutet und ihn auch nicht auf (naß-)kaltem Boden liegen läßt; daß man in kürzeren Abständen zum Tierarzt geht. Wie gesagt, das alles weiß der Mensch des alten Hundes. Das Leben mit einem Berner Veteranen ist ja schließlich nicht ein Zustand, in den man unvermittelt hineingeworfen wird, sondern in den man im Laufe von Jahren allmählich hineinwächst. Menschen, die zehn, zwölf Jahre einen Berner Sennenhund an ihrer Seite oder in ihrer Mitte haben durften, braucht man auch nicht zu sagen, was es bedeutet, Abschied nehmen zu müssen. Wer gemeinsam mit einem Berner Sennenhund gelebt hat, der wird ihn nicht alleine sterben lassen. Idealerweise hat man einen Garten, in dem man ihn zur letzten Ruhe betten kann. Der Tierarzt wird zum letzten Dienst ins Haus gebeten. Aus der Liebe kommt die Kraft, den Freund in den Armen zu halten und ihm in die Augen zu sehen. In diesem tiefen, langen, letzten Augen-Blick liegt das Glück und der Trost des Wissens, alles bekommen und alles gegeben zu haben.

Kapitel Sieben

AUSSTELLUNGEN

Ausstellungen: Wozu? Für Wen?

Ausstellungen - Titel - Klassen - Noten

Der Ausstellungstag

Ein Sieg bei einer Ausstellung in der Schweiz ist immer etwas ganz besonderes.

Ausstellungen: Wozu? Für wen?

Ausstellungen sind das Schaufenster, besser: die Schaubühne der Hundezucht. Hier präsentieren die Züchter die Ergebnisse ihrer „kreativen" Leistung und unterwerfen sie sich einer Qualitätskontrolle. Hundeausstellungen sind auch Wettbewerbe. Der Züchter begibt sich mit seinem Hund in Konkurrenz mit anderen Züchtern und deren Hunden. Er erfährt auf diese Weise, wo er mit seiner Arbeit innerhalb der gesamten Zucht steht. Maßstab der Beurteilung der Qualität eines Hundes ist der Rassestandard in der Anwendung durch einen qualifizierten Richter vor den Augen eines interessierten und sachverständigen Publikums.

Für den Züchter ist eine Ausstellung immer auch eine Informationsbörse. Hier sieht er andere Hunde; hier kann er den Blick schärfen für die Vorzüge und Fehler seiner eigenen, wie auch der anderen Hunde; hier entdeckt er potentielle Paarungspartner für seine Hunde; hier hat er Gelegenheit zu Erfahrungs- und Meinungsaustausch mit anderen Züchtern. Bei allem Wettbewerbscharakter haben Ausstellungen immer auch eine soziale Funktion. Man sieht, man wird gesehen, man plaudert hier ein wenig, lästert dort ein bißchen, man kritisiert die Richter, schimpft auf die Funktionäre, ist — je nach Resultat — stolz auf sich und seinen Hund oder neidisch auf die anderen. Ein Ereignis ist es allemal.

Die Summe der Einzelleistungen bei einer Ausstellung ergibt gleichzeitig einen Einblick in die züchterische Gesamtsituation innerhalb eines Vereins. Insofern sind Ausstellungen auch eine wichtige Informationsquelle für die Rasse-Clubs; sie geben Aufschluß über die Wirksamkeit ihrer zuchtlenkenden Maßnahmen. Gleichzeitig sind sie ihrerseits ein Instrument der Steuerung des Zuchtgeschehens — im guten wie im schlechten Sinne — durch den Verein. Hier können — durch die Werturteile der Richter — Signale gesetzt und Weichen gestellt werden; können positive Entwicklungen gefördert und negative gebremst werden; kann über Erfolg oder Mißerfolg bestimmter Zuchtlinien entschieden werden; können einzelne Hunde ins Rampenlicht und andere in den Schatten gestellt werden. Das ist durchaus in Ordnung, solange es ausschließlich unter dem Gesichtspunkt des Erhalts bzw. der Verbesserung der Rasse geschieht. Daß dabei gelegentlich auch „Politik" mit hinein spielt, muß man als Bestandteil menschlicher Lebenswirklichkeit allerdings wohl oder übel in Kauf nehmen.

Ausstellungen sind nicht nur etwas für Züchter und Vereine. Auch ganz „normale" Besitzer eines Familienhundes können hier einmal erfahren (oder sich bestätigen lassen), wie schön ihr Berner denn nun wirklich im sachverständigen Urteil ist (für sie selbst ist und bleibt er natürlich ohnehin der Schönste). Oft bleibt es — sei das Ergebnis enttäuschend oder erfreulich — bei einem einzigen Ausstellungsbesuch. Vielleicht wollte man ja auch nur dem Züchter einen Gefallen tun. Manch einer aber wird vom Ausstellungsvirus angesteckt; der Ehrgeiz ist geweckt, man geht ein zweites und ein drittes Mal, und ehe man sich's versieht, ist man der Ausstellungs-„Sucht" verfallen: letzte Woche unter den ersten

Zehn, heute der Dritte, beim nächsten Mal vielleicht, hoffentlich, der Erste. Und wenn nicht, dann eben beim übernächsten Mal.

Ausstellungen — Titel — Klassen — Noten

Ausstellungen

Die folgende Darstellung ist des besseren Verständnisses wegen etwas vereinfacht. Sie gilt im wesentlichen auch für die übrigen F.C.I.-Länder. Über Einzelheiten geben die nationalen Verbände oder die Zuchtvereine Auskunft. Es gibt unter dem Dach des VDH zwei Arten von Ausstellungen. Zum einen Spezial-Zuchtschauen, die von einem Rasse-Club durchgeführt werden, in der Regel als regionale Veranstaltung (Landesgruppenschau), gelegentlich als nationale Clubschau. Bei diesen Veranstaltungen geht es — neben möglichen clubinternen Titeln — um den Erwerb der Anwartschaft auf ein nationales Championat (CAC). Zum anderen gibt es die vom VDH durchgeführten Internationalen Rassehunde-Zuchtschauen, auf denen Hunde vieler (theoretisch aller) Rassen gezeigt werden, und bei denen auch Anwartschaften auf das internationale Championat (CACIB) vergeben werden.

In der Regel wird die Ausstellung der einzelnen Rasse in Form einer angeschlossenen Spezial-Zuchtschau einem Rasse-Club übertragen. Daneben gibt es noch die, selteneren, ebenfalls vom VDH ausgerichteten Allgemeinen Rassehunde-Zuchtschauen, auf denen kein CACIB vergeben wird. Die in Vereinsregie durchgeführten CAC-Ausstellungen finden meistens im Freien, gelegentlich auch in Mehrzweck- oder Reithallen statt, die CACIB-Schauen hingegen regelmäßig in großen Messehallen, mit Boxen für die ausgestellten Hunde. Hunde, für die keine von der F.C.I. anerkannte Ahnentafel ausgestellt ist, sind von all diesen Veranstaltungen ausgeschlossen. Ein deutscher Berner Sennenhund wird demnach nur zugelassen, wenn er einen VDH-Stammbaum hat.

Bei den Ausstellungen geht es — bei Rüden und Hündinnen getrennt — um die Vergabe von Anwartschaften für die folgenden Titel:

1. Deutscher Champion (VDH). Voraussetzung: vier sog. CAC-Anwartschaften (Certificat d'Aptitude au Championat); Vergabe durch den VDH. Die Anwartschaft wird — bei beiden Geschlechtern — an den jeweils erstplazierten Hund der Offenen Klasse und der Championklasse vergeben (eine Gebrauchshundklasse gibt es bei den Berner Sennenhunden nicht). Die vier Anwartschaften müssen unter drei verschiedenen Richtern erworben werden.

2. Deutscher Champion (Klub). Voraussetzung: wie unter 1.; Vergabe durch den jeweiligen Rasse-Club. Diese Anwartschaft wird für jedes Geschlecht nur einmal vergeben, und zwar an den besten Rüden und die beste Hündin einer Ausstellung. Der Hund muß in der Offenen Klasse oder der Championklasse mit V 1 (siehe unten) bewertet worden sein.

3. Internationaler Schönheits-Champion. Voraussetzung: vier CACIB-Anwartschaften (Certificat d'Aptitude au Championat International de Beauté); Vergabe durch die F.C.I. Auch diese Anwartschaft wird nur einmal

pro Geschlecht vergeben, wie unter 2. Die vier Anwartschaften müssen unter drei verschiedenen Richtern in drei verschiedenen Ländern erworben werden, davon einmal im Heimatland des Hundeeigentümers oder im Ursprungsland der Rasse.

Ein Siegerhund kann demnach bei einer Spezial-Zuchtschau die Anwartschaften auf die beiden ersten, bei einer Internationalen Rassehunde-Zuchtschau auf alle drei Championate erringen. Neben den Anwartschaften werden auch Reserve-Anwartschaften vergeben, und zwar an den jeweils zweitplazierten Hund. Unter bestimmten Bedingungen kann der „Reservist“ aufrücken, d. h., die Reserve-Anwartschaft gilt dann als gültige Anwartschaft.

Für die Verleihung aller Championate gilt: Zwischen dem Erwerb der ersten und der letzten Anwartschaft muß ein zeitlicher Zwischenraum von mindestens einem Jahr und einem Tag liegen. Mit dieser Bestimmung soll gewährleistet werden, daß nur solche Hunde diese wertvollen Titel erhalten, die über einen längeren Zeitraum hinweg konstant hohe Qualität beweisen. Eintags-Schönheiten haben hier keine Chance. Wichtig ist auch die Bestimmung, daß die Anwartschaften nicht in der Jüngstenklasse oder der Jugendklasse vergeben werden. Das bedeutet, daß nur „erwachsene“, ausgereifte Hunde in Frage kommen. Championate sind in F.C.I.-Ländern schwer zu gewinnen. Entsprechend klein ist die Zahl der Titelträger. So gibt es zu jeder Zeit nur etwa eine Handvoll Berner Rüden oder Hündinnen, die den Titel Deutscher Champion tragen. Die Zahl der Internationalen Champions ist noch kleiner. Wegen der sehr geringen Zahl von Ausstellungen in der Schweiz ist die Situation dort noch schwieriger. Aus dem Gesagten wird auch verständlich, daß ein Berner Sennenhund in der Regel ein beträchtliches Alter erreicht hat, bevor er sich Champion nennen darf.

Neben den genannten Siegertiteln gibt es noch einige „Ein-Tages-Titel“. Für den Erwerb des Nationalen Championats von Luxemburg genügt ein Sieg bei der jährlich einmal dort stattfindenden IHA. Der VDH veranstaltet jedes Jahr eine sog. Bundessieger-Zuchtschau und eine Europasieger-Zuchtschau, auf denen die Titel „Bundessieger“ bzw. “Europasieger“ vergeben werden. Die F.C.I. führt, jährlich in einem anderen Mitgliedsland, die Welt-Hundeausstellung mit Vergabe des Titels „Weltsieger“ durch. Die Aussagekraft solcher Ein-Tages-Titel hängt sehr stark ab von der jeweils teilnehmenden Konkurrenz. Findet z. B. die Weltausstellung in der Schweiz statt, dann darf der Gewinn des Titels bei den Berner Sennenhunden natürlich als besonders prestigeträchtig gelten. Überhaupt ist eine gute Plazierung oder gar ein erster Rang bei einer Ausstellung im Heimatland der Rasse immer etwas ganz Besonderes.

Ob an einem Tag gewonnen oder über einen langen Zeitraum erworben, ob gegen schwache Konkurrenz oder in einem großen, erstklassigen Teilnehmerfeld gewonnen, ob als Prämie in einem exotischen Land oder als Auszeichnung im Ursprungsland der Rasse erhalten: Eines haben alle genannten Titel gemeinsam: sie berechtigen den Träger zur Meldung in der sogenannten Championklasse.

Siegerehrung (Hündinnen, offene Klasse) bei einer Ausstellung im schweizerischen Burgdorf (Kanton Bern).

Zwei spezielle Attraktionen seien noch genannt: Die Clubschauen sind in der Regel Paradeveranstaltungen für die Rasse und der Titel eines Clubsiegers ist entsprechend begehrt und geschätzt. Die gelegentlich ausgerichteten Rüdenschauen sind Ausdruck der dominierenden Rolle des männlichen Geschlechts in der Hundezucht. Sie bieten einen Überblick über das jeweils vorhandene Potential an Zuchtrüden bzw. solchen, die es werden sollen. Eine Berner-Rüdenschau ist — mehr noch als andere Ausstellungen — ein Heiratsmarkt für Hunde. Hier werden die aktiven Deckrüden vorgeführt, um ihre Schönheit (wieder einmal) zu demonstrieren und ihre „Marktstellung" zu halten oder auszubauen. Hier werden viele junge Rüden von ihren Besitzern in der Hoffnung präsentiert, „entdeckt" zu werden von Züchtern, die ihrerseits auf „Bräutigamschau" für ihre Hündinnen sind.

Klassen

In der „Jüngstenklasse" (JüK) können Hunde im Alter von 6 bis 9 Monaten vorgestellt werden. Die Kleinen sind natürlich noch längst nicht hinreichend entwickelt, um nach den für erwachsene Hunde geltenden Maßstäben beurteilt zu werden. Es gibt deshalb noch keine richtigen Bewertungen, sondern lediglich die Prädikate „vielversprechend" (vv), „versprechend" (vsp), oder „wenig versprechend" (wv). Es geht ja hier noch nicht um die Anerkennung standardgerechter Vollkommenheit, sondern um die Freude des Menschen, den kleinen Berner zu zeigen, um „Neu-Besitzer"-Stolz. Gleichzeitig geht es darum, den Kleinen das Ereignis als solches positiv erleben zu lassen und ihn möglichst früh an die mit einer solchen Veranstaltung verbundene Atmosphäre, den Lärm, die Menschenmenge, die Prozedur im Ausstellungsring zu gewöhnen.

Die „Jugendklasse" (JK) umfaßt das Alter von 9 bis 18 Monaten. Die „Offene Klasse" (OK), für Hunde über 15 Monate, stellt zahlenmäßig in der Regel das Hauptfeld einer Ausstellung dar. Altersmäßig repräsentiert diese Gruppe den breitesten Bereich, nämlich die etwa Zwei- bis Siebenjährigen, wobei die Älteren in der Regel weniger zahlreich vertreten sind als die Jüngeren.

In der exklusiven „Championklasse" (CHK) sind in der Regel nur sehr wenige Hunde zu sehen. Das ist — nach dem oben erläuterten Werdegang eines Champions — leicht verständlich. Hier handelt es sich um die raren Spitzenexemplare der Rasse. Es kann durchaus vorkommen, daß diese Klasse überhaupt nicht besetzt ist. Selbst bei großen Veranstaltungen lassen sich die Champions mühelos an den Fingern einer Hand abzählen.

Die „Ehrenklasse" ist Hunden vorbehalten, die bereits den Titel Internationaler Champion erworben haben. Diese Klasse ist höchst selten besetzt. Sie steht sozusagen über den Dingen und nimmt daher am Wettbewerb um Titelanwartschaften nicht teil.

Eine „Gebrauchshundeklasse" gibt es bei den Berner Sennenhunden seit einigen Jahren nicht mehr.

Außer Konkurrenz stehen auch die in der Veteranenklasse (VK) ausgestellten Hunde (Mindestalter 8 Jahre). Die Beteiligung und das Interesse an diesem Ausstellungsteil ist in der Regel verschwindend gering. Das ist bedauerlich und unverständlich. Wer als Züchter immer wieder rüstige, gesunde und dazu vielleicht sogar schöne Hunde präsentieren kann, der hat ja das Idealziel verantwortungsbewußter Hundezucht erreicht und verdient dafür höchste Anerkennung. Es wäre — gerade angesichts sinkender Lebenserwartung der Rasse — angezeigt, den Veteranen-„Wettbewerb" mit allen Kräften zu fördern und ihn in den Mittelpunkt jeder Veranstaltung zu stellen.

Von hohem Aussagewert über die Qualität einer Zucht sind auch der „Zuchtgruppen-Wettbewerb" und der „Nachzuchtgruppen-Wettbewerb". Im einen Fall geht es darum, daß mindestens drei ausgestellte, aus einer Zucht stammende Hunde als Gruppe präsentiert werden; im anderen Fall wird ein Elternteil mit mindestens fünf Nachkommen aus wenigstens zwei Würfen vorgestellt. Diese Hunde werden dann in Konkurrenz mit anderen Zuchtgruppen unter dem Gesichtspunkt der Homogenität der Qualität, der Harmonie des Typs, der „Familienähnlichkeit" bewertet. Damit wird deutlich gemacht und belohnt, daß der Erfolg richtig verstandener Hundezucht nicht im kurzlebigen Einzelsieg, sondern in der Kontinuität der Qualität liegt.

Noten

Jeder ausgestellte Hund erhält eine der folgenden Formwertnoten: Vorzüglich (V), Sehr Gut (SG), Gut (G), Genügend (Ggd), Nicht Genügend (Nggd). In der Jugendklasse wird bei den Berner Sennenhunden in Deutschland der Formwert V nicht vergeben. Ein Hund, der sich nicht beurteilen läßt, bleibt ohne Bewertung. Unter den vier besten Hunde einer Klasse wird danach eine Rangfolge aufgestellt, sie werden plaziert (rangiert). Jeder Aussteller erhält einen schriftlichen Richterbericht über seinen

Zwei Weltsieger aus deutscher Zucht.

Hund. Eine Kopie des Berichts verbleibt beim Veranstalter bzw. beim Zuchtverein. Interessenten können die Richterberichte über den jeweiligen Rasse-Club beziehen.

Richterberichte sind in einer Sprache abgefaßt, die sich zum Teil aus der allgemeinen Kynologie, zum Teil aus spezifischen Aspekten des jeweiligen Rassestandards ergibt.

Ein Aussteller, der den Bericht über seinen Berner Sennenhund verstehen will, sollte sich daher zunächst mit dem Standard vertraut machen. Beispielhaft seien hier zwei Berichte über den auf Seite 40 abgebildeten Hund vorgestellt:

Richter A (Schweiz): „3 1/2 Jahre alter, mittelgroßer Rüde mit freundlichem Kopf; dunkles Auge, gute Ohrenhaltung. Rücken und Kruppe gut, Rutenhaltung gut, Knochenbau dem Typ entsprechend; Stand und Winkelung gut, Farben gut, sehr schönes Haarkleid. Scherengebiß. Gangwerk fließend. Formwert: V1".

Richter B (Deutschland): 3 1/2 jähriger ausgereifter, vorbildlich behaarter und gezeichneter Rüde mit viel Typ und Ausstrahlung, mit ausdrucksstarkem Kopf. Korrekter Stand; in der Vorhand sehr gut, in der Hinterhand gut gewinkelt. Im Bewegungsablauf ausgeglichen, wobei die Hinterhand wegen des nicht idealen Winkels geringfügig zu kurz tritt. Hervorragendes, ausgeglichenes Wesen. Bester Kontakt zum Führer. Formwert: V1."

Nach Abschluß des Richtens in den einzelnen Klassen wird (bei Rüden und Hündinnen getrennt) zwischen den Siegern der Offenen Klasse und der Sieger-Klasse der Empfänger der Titel-Anwartschaft (CAC oder/und CACIB) ermittelt. Dieser und der Erstplazierte der Jugendklasse (Jugendsieger) treten dann gegeneinander um die Auszeichnung „Bester Rüde" bzw. „Beste Hündin" an. Zwischen diesen beiden und dem Erstplazierten der Ehrenklasse wird dann schließlich der „Schönste Hund der Rasse" bestimmt (Rassebester; Best of Breed, BOB).

Bei den internationalen Ausstellungen konkurrieren alle Rassebesten einer Gruppe um den Gruppensieg; bei zweitägigen Schauen wird jeweils der Tagesbeste, und unter allen Gruppensiegern wird als abschließender Höhepunkt dann der Schönste Hund der Ausstellung (Best in Show, BIS) ermittelt.

Wer den Entschluß gefaßt hat, mit seinem Berner Sennenhund an einer Ausstellung teilzunehmen, der sollte die Sache dann auch richtig anpacken, das heißt, sorgfältig planen und engagiert durchführen. Am besten ist es, zuvor einmal eine Ausstellung ohne Hund zu besuchen. Dabei gewinnt man einen Eindruck davon, wie, unter welchen äußeren Bedingungen und in welcher Atmosphäre das Ganze abläuft. Man sieht auch, was im Ernstfall ins Gepäck gehört (vom Wassernapf für den Hund bis zum Klapphocker für den Menschen).

Bei einer Ausstellung geht es darum, den Hund in erstklassiger physischer Kondition und in exzellenter äußerer Erscheinung bestmöglich zu präsentieren. Erst im Zusammenwirken von Gesundheit, gutem Ernährungszustand, äußerer Gepflegtheit und überzeugendem Verhalten kommt die Schönheit des Berner Sennenhundes optimal zur Geltung.

Alle diese Faktoren müssen langfristig berücksichtigt werden. Das gilt insbesondere für das sogenannte „Ringverhalten.“ Überzeugendes Verhalten wird bereits im Welpenalter gelernt. Das heißt keineswegs, daß man den jungen Hund gezielt zu einer Ausstellungs-Marionette dressieren soll. Vielmehr ist das im Ausstellungsring erwartete Verhalten nichts anderes als das, was man von einem richtig erzogenen Hund ohnehin erwarten darf. In diesem Sinne sollte jeder Berner Sennenhund, der zu einer Ausstellung kommt, folgende Dinge zuverlässig beherrschen: an der Leine bei Fuß sitzen, stehen, gehen und traben, sowie eine korrekte Kehrtwendung machen. Dies alles auf engem Raum, zusammen mit anderen Hunden, noch dazu desselben Geschlechts. Wichtig ist auch, daß sich der Hund durch hektische Atmosphäre, Lärm, Menschenmassen nicht beeindrucken läßt. Ferner sollte er es gelassen dulden, daß ein fremder Mensch seinen ganzen Körper abtastet: Kopf, Fang, Zähne, Ohren, Hals, Rücken, Rute, Brust, Bauch, Pfoten (bei Rüden auch die Hoden).

Exaktes Messen der Widerristhöhe ist nur möglich, wenn der Hund ruhig und gerade steht.

Wichtig ist, daß der Hund während dieser Prozedur ruhig stehen bleibt. Überhaupt ist das Stehen im Ring von entscheidender Bedeutung. Ein Berner Sen-

Ein Berner Sennenhund stellt sich — wie dieser Champion aus deutscher Zucht — ohne Zutun in Ringpositur: natürlich, aufmerksam, gelassen, selbstbewußt.

nenhund wird nicht — wie bei vielen anderen Rassen üblich — in Schaupose aufgebaut. Er bringt sich gewissermaßen selbst in natürliche (und damit anatomisch vorteilhafte) Stand-Position. Auf das Wort „Steh" — so hat er es gelernt — bleibt er stehen: voll auf seinen Menschen konzentriert, die Front gerade, den Kopf leicht erhoben, die Ohren aufmerksam, die Hinterbeine etwas versetzt, die Rute ausgehängt. Er macht das gut und gerne, denn er hat das mit seinem Menschen zuvor ja oft geübt, bei Treffen der Landesgruppe des Rasse-Clubs, beim örtlichen allgemeinen Hundeverein, oder ganz einfach zu Hause auf der Wiese.

Richtiges Führen bringt das schöne Gangwerk des Hundes opitimal zur Geltung.

Ebenso wichtig wie der Stand ist die Bewegung im Trab. Bei einer Ausstellung soll der Berner zeigen, daß er ein gleichmäßiges, ausgreifendes Gangwerk hat. Das setzt erstens voraus, daß er Gelegenheit hatte, dieses Gangwerk durch regelmäßiges Lauftraining auf gewachsenem Boden zu entwickeln (wenn mit dem Fahrrad, dann ohne Leine). Zweitens muß er gelernt haben, an der linken Seite seines Menschen an lockerer Leine zu traben. Dabei ist wichtig, daß der Mensch das eigene Tempo so bestimmt, daß das Gangwerk des Hundes optimal zur Geltung kommt. Also nicht zu schnell, nicht zu langsam; nicht zu kurze, nicht zu lange Schritte. Ein Hund läuft im Ring immer nur so gut, wie der Mensch ihn führt. Das alles funktioniert natürlich optimal nur dann, wenn zwischen Hund und Mensch ein intensives Vertrauensverhältnis besteht; wenn der Mensch gelernt hat, dem Hund begreiflich zu machen, was er von ihm will; wenn der Hund gelernt hat, daß es Spaß macht, gemeinsam mit dem Menschen Dinge zu tun, Erfahrungen zu machen, Situationen zu meistern. Ist das nicht der Fall, dann allerdings wird das Ausstellen zu einer Strapaze, die man seinem Berner (und sich selbst) ersparen sollte.

Der Ausstellungstag

Ein regelmäßig gepflegter Berner Sennenhund braucht für den Tag der Ausstellung nicht eigens schön gemacht zu werden. Gründliches Bürsten genügt. Ist aufgrund außergewöhnlicher Verschmutzung ausnahmsweise ein Bad erforderlich, so sollte man damit nicht bis zum letzten Tag warten. Frisch gewaschenes Berner Langhaar hat – besonders auf dem Rücken – die Tendenz, sich zu locken; es liegt auch nicht formschön am Körper an, sondern „fliegt", weil ihm durch den Entzug des Eigenfettes die natürliche Schwere fehlt. Im Prinzip gilt: Das Fell des Berner Sennenhundes ist von Natur aus schön; es bedarf der haarkosmetischen Manipulation nicht. Allenfalls kann man die Haare an den Pfoten etwas kürzen und in rundliche Form schneiden.

Zum Ausstellen gehören immer zwei. Mensch und Hund treten als Team an. Wer also die Schönheit seines Berners zur Geltung bringen will, der sollte nicht unbedingt mit allzu nachlässiger Kleidung einen (un-)ästhetischen Kontrapunkt setzen. Es gibt noch anderes als alte Jeans, poppige T-Shirts oder Jogging-Anzüge.

Bei vielen Ausstellungen werden die Hunde für die Dauer des Tages (wenn sie nicht im Ring sind) in Boxen untergebracht. Das sind entweder geschlossene Gitterkäfige auf blankem Betonboden oder (häufig in der Schweiz) nach vorne und oben offene Holzboxen, auf deren Boden ein Ring zum Befestigen der Leine angebracht ist. Eines ist dabei unabdingbar: ein Familienmitglied bleibt immer beim Hund. Der nämlich braucht jetzt die Nähe eines seiner Menschen, denn er ist einem gewaltigen Streß ausgesetzt: hektische Atmosphäre; fremde Hunde links, rechts, überall; Gewirr zahlloser Stimmen; permanentes lautes Gebell; tausend ungewohnte Gerüche; unzählige Füße, die an der Box vorbeischlurfen. Dies als Umfeld für ein Ereignis, das Ruhe und Konzentration erfordert. Man darf in dieser Situation nicht vergessen, daß das der Tag des Hundes ist. Auf ihn kommt es an. Sein Wohlbefinden hat höchste Priorität. Er hat heute - mehr denn je - Anspruch auf seinen ganzen Menschen. Wer lieber am Ring steht und mit anderen Ausstellern plaudert, wer gerne durch die Boxenreihen schlen-

Während der Hund in der Box ist, bleibt einer seiner Menschen immer bei ihm.

dert und andere Rassen studiert, wen es zur Frittenbude oder zur Hundeartikel-Ausstellung zieht, der soll entweder eine Begleitperson mitbringen oder den Hund zu Hause lassen.

Es ist ein selbstverständliches Gebot der Fairness, nach dem Richten dem Sieger zu gratulieren. Unabhängig vom eigenen Abschneiden läßt man den eigenen Hund spüren, daß er seine Sache gut gemacht hat — schließlich ist und bleibt er für den Menschen der Schönste und Beste. Den Rest des Tages verbringt der Hund (in der Regel erschöpft) in der Box, der Mensch bei ihm. Das Reglement verlangt, daß man bis zum Ende der Ausstellung bleibt. Es handelt sich ja schließlich nicht nur um einen Wettbewerb für Aussteller, sondern auch um eine Informationsveranstaltung für ein zahlendes Publikum, das ein Anrecht darauf hat, die Hunde zu sehen. Für den einen, der am Ende des Tages mit seinem Berner Sennenhund nach Hause fährt, war die erste Ausstellung vielleicht auch gleichzeitig die letzte. Sei es, weil ihm die ganze Angelegenheit nicht sonderlich gefallen hat, sei es, weil er eine für ihn enttäuschende Beurteilung seines Hundes erhielt. Für den anderen war es vielleicht der Beginn einer neuen Leidenschaft, der Start zur Jagd auf das Championat. Wenn diese Leidenschaft um ihrer selbst willen verfolgt wird, wenn der Hund nur als Objekt der Befriedigung menschlichen Ehrgeizes dient, dann geht das zu Lasten des Hundes; in solchem Fall ist Kritik am Platze. Solange aber der Mensch den Hund als Partner miteinbezieht, ihn gewissermaßen am Erfolg und dem daraus resultierenden Lustgewinn teilhaben läßt, andererseits Mißerfolge gelassen wegsteckt, solange ist die Sache für beide in schönster Ordnung.

Kapitel Acht

ZÜCHTEN JA ODER NEIN?

Hündinnen-Besitzer

Rüden-Besitzer

Mutter und Tochter - die erste Stufe zum züchterischen Erfolg.

Hündinnen-Besitzer

Wer an dieser Stelle einen Schnellkurs in Sachen Berner Sennenhund-Zucht erwartet, der wird enttäuscht sein. Das verantwortungsvolle Züchten von Hunden setzt mehr voraus, als Kenntnis über die empfängnisbereiten Tage der Hündin, Paarungsverhalten, Länge der Tragezeit, Bau einer Wurfkiste, Geburtshilfe, Fütterung von Welpen usw. Wer das Wagnis in Angriff nehmen will, lebendige, beseelte Wesen zu „schaffen", der sollte zunächst einmal sehr sorgfältig seine Beweggründe überprüfen. Die folgenden (erklärten oder heimlichen) Motive rechtfertigen es nicht, auch nur einen Welpen in die Welt zu setzen:

— Die Hündin soll wenigstens einmal in ihrem Leben Junge haben, weil es (angeblich) ihrer Gesundheit nützt, weil es (angeblich) ihren Charakter positiv beeinflußt, weil es (angeblich) Abhilfe gegen Scheinträchtigkeit bietet, weil die Erfahrung von Mutterglück schön für sie ist, usw;

— Geburt und Aufzucht von Welpen mitzuerleben ist eine schöne Erfahrung für die Menschen, insbesondere auch für deren Kinder;

— mit dem Verkaufserlös aus einem Wurf Berner Welpen kann man die Anzahlung für ein neues Auto o.ä. finanzieren.

Es soll hier nicht gesagt werden, es möge grundsätzlich niemand damit anfangen, Berner Sennenhunde zu züchten. Jeder Züchter hat schließlich einmal angefangen. Ohne den Mut zum Anfang kann es keinen Erfolg geben. Das Züchten von Hunden kann zweifellos eine in sehr vielfältiger Weise befriedigende, ja beglückende Erfahrung darstellen und darüberhinaus vielen anderen Menschen Freude vermitteln. Die Entscheidung bleibt letztlich jedem einzelnen überlassen. Allerdings sollte man sich vorher gründlich überlegen, ob man bereit und in der Lage ist, all die Anforderungen zu erfüllen, die man selbst seinerzeit an den Züchter des eigenen Hundes gestellt hat (oder hätte stellen sollen).

Um es noch einmal zu betonen: Hundezucht ist mehr als das Paaren von Hunden. Von einem Züchter muß ein hohes Maß an ethischem Bewußtsein und professioneller Kompetenz verlangt werden. Es reicht nicht aus, eine zuchtfähige Hündin und ein Gartenhaus zu haben; man muß sich gründlich mit allen Aspekten der Rasse befassen; man muß ihre Geschichte studieren, ihre charakterlichen und körperlichen Eigenarten verstehen, ihren Standard verinnerlichen; man muß sich mit den gesundheitlichen Probleme der Rasse auseinandersetzen; man muß Kenntnisse über allgemeine biologische Gegebenheiten und Einsichten in komplexe genetische Zusammenhänge haben; man muß ein klar definiertes Zuchtziel haben und wissen, was zu tun ist, um diesem Ziel möglichst nahe zu kommen; man braucht Wissen über die vielfältigen Aspekte, die mit der sachgerechten Aufzucht von Welpen zusammenhängen und man benötigt praktisches Geschick, um dieses Wissen in die Tat umzusetzen. Und weiter: wie steht es um die räumlichen, zeitlichen, finanziellen Voraussetzungen für Zucht und Aufzucht? Ist man bereit, die mit einer Trächtigkeit und Geburt (wenn es denn überhaupt dazu kommt) für die Hündin verbundenen Risiken zu akzeptieren? Glaubt man, die emotionale Belastung der Trennung von den Welpen zu verkraften? Fühlt man sich in der Lage, Käufer für die Welpen zu finden, zu beurteilen, auszuwählen, gegebenenfalls auch abzulehnen? Hat man genügend Kompetenz, um die Käufer sachkundig in allen Belangen zu informieren und zu beraten? Ist man bereit und in der Lage, eine effiziente Nachzuchtkontrolle durchzuführen? Will und kann man wirklich die Verantwortung für das lebenslange Wohlergehen der Welpen übernehmen? Wie verhält man sich, wenn Käufer einen mit Liebe und Sorgfalt aufgezogenen Welpen durch fehlerhafte Ernährung, unsachgemäße Haltung oder falsche Erziehung körperlich oder charakterlich zum Krüppel machen? Könnte man im äußerten Notfall auch einen Hund (oder mehrere) zurücknehmen, oder gar zurückfordern? Ist man sich bewußt, daß es auch Käufer gibt, die bei gesundheitlichen Problemen eines Hundes Mängelrüge erheben und nicht zögern, zur Durchsetzung der von ihnen behaupteten Ansprüche den Rechtsweg zu bestreiten?

Wer unter Berücksichtung all dieser Gesichtspunkte die eigenen Motive kritisch überprüft und wer eine realistische Kosten-Nutzen-Abwägung vornimmt (wobei unter Kosten alle zu erbringenden Leistungen und alle zu tragenden Risiken verstanden werden, unter Nutzen hingegen der ganze erhoffte Gewinn an Befriedigung, Freude, Stolz, Erfolgsgefühl, Lust an kreativer Leistung, Entstehung von positiven Sozialkontakten usw.), und wer danach sich dazu entschließt, einen Wurf Berner Sennenhunde zu züchten, dem sei Glück und Erfolg beschieden. Dem sei aber auch nachdrücklich empfohlen, sich zunächst durch Lektüre einschlägiger Literatur und durch Befragen zuchterfahrener Personen das erforderliche Wissen anzueignen.

Die schöne Hündin (links) fordert den galanten Rüden zum Liebesspiel auf.

Rüden-Besitzer

Was soeben über das Züchten mit Blick auf den Besitzer einer Hündin gesagt wurde, gilt in ganz ähnlicher Weise auch für den sogenannten Rüdenhalter. Wer mit seinem Berner Rüden Hündinnen decken will, der wird auch züchterisch tätig und verantwortlich. Dazu gehört mehr, als Kenntnisse über das Brunstverhalten einer Hündin oder den technischen Ablauf des Deckaktes. Es bedarf vor allem guter Gründe. Für den Rüden jedenfalls bedeutet sexuelle Abstinenz keine Entbehrung. Gewiß mag es einen Menschen mit Genugtuung erfüllen, wenn sein Hund als Deckrüde gefragt ist; man mag Stolz empfinden ob der vielfachen Vaterschaft seines Bäri; es mag Freude bereiten, die Schönheit, das liebe Wesen, den Gesichtsausdruck seines Hundes in dessen Nachkommen wiederzuerkennen; und die Aussicht, die Liebesdienste seines Berners auch noch finanziell honoriert zu bekommen, mag verlockend sein. Bei Licht betrachtet werden sich diese Motive häufig als illusionär erweisen.

Der Weg vom vielversprechenden Junghund zum aktiven Deckrüden ist lang und beschwerlich. Es genügt ja nicht, daß der Rüde gesund, wesensfest und schön ist. Es ist auch nicht damit getan, daß er angekört ist. Er muß vielmehr im wahrsten Sinne des Wortes „vermarktet" werden. In der Regel sind viele zeit- und kostenintensive Ausstellungsbesuche erforderlich, bevor ein Rüde zum ersten Mal zum Einsatz kommt. Mit Mißgunst der Konkurrenz muß dabei ebenso gerechnet werden, wie mit möglichem Widerstand derer, die im Verein die Zuchtpolitik bestimmen. Offene und verdeckte Gegenpropaganda gehört zum Geschäft und bisweilen wird ein Rüde schlecht gemacht, bevor er überhaupt zum Zuge kommt. Besonders mühsam ist der Weg zum Erfolg in der Regel für jemanden, der von außerhalb des Kreises der etablierten Züchterschaft kommt. Wohl dem, der eine Lobby bei den Züchtern oder Protektion aus dem Kreis der Funktionäre hat. Ein Deckrüden-Besitzer ist bisweilen recht einsam. Nicht alle Züchter halten nach erfolgtem Deckakt Kontakt mit ihm. Die späteren Käufer der Kinder seines Hundes lernt er nur selten kennen. Das Gefühl der Einsamkeit verschärft sich für den, der keine oder wenig praktische Erfahrung hat. Züchter geben in der Regel bereitwillig ihre Erfahrungen weiter. Deckrüden-Besitzer behalten ihr Wissen zumeist argwöhnisch für sich. Der Deckrüden-Besitzer leistet einen einerseits begehrten und beneideten, andererseits einen als selbstverständlich betrachteten, weil bezahlten Dienst. Ihm vermittelt sich manchmal das Gefühl, er werde unter dem Aspekt der Prostitution betrachtet: Leistung gegen Bares — basta. Weil er seinen Rüden grundsätzlich für Liebesdienste zur Verfügung stellt, habe er kein Recht, auch einmal eine Hündin abzulehnen. Ein Deckrüden-Besitzer steht immer unter Erwartungs- und Leistungsdruck. Es wird erwartet, daß sein Rüde jede Hündin zu jeder Zeit mit Erfolg deckt. Will der Rüde im Einzelfall einmal nicht, so werden ihm nicht etwa gute Gründe zugestanden (etwa eine für ihn wahrnehmbare Gesundheitsstörung der Hündin oder einfach mangelnde Sympathie), sondern es wird ihm kategorisch Deckunlust unterstellt. Läßt sich eine Hündin trotz zärtlichen Vorspiels und akrobatischer Bemühungen partout nicht decken, dann gilt der Rüde als Versager. Bleibt die Hündin trotz erfolgtem Deckakt leer, dann lag es bestimmt am Sperma des Rüden.

Manche Züchter haben sich in den Kopf gesetzt, zu einem bestimmten Zeitpunkt Welpen zu haben, also muß die Hündin zu einem bestimmten Termin (und möglichst am Wochenende, damit man nicht einen Tag Urlaub nehmen muß) gedeckt werden. Klappt das nicht, z.B. weil die Hündin frigide oder aggressiv ist, oder weil der gewählte Zeitpunkt zu früh ist, dann bekommt der Rüde (und dessen Besitzer) die Schuld. Manche Züchter kommen wissentlich zu früh, um ja den richtigen Zeitpunkt nicht zu verpassen. Ob der Rüde sich tagelang vergeblich, unter höchstem physischen und psychischen Stress abmüht, ist ihnen gleich. Schickt der Rüden-Besitzer sie wieder weg, sind sie beleidigt. Andere verschweigen wissentlich, daß ihre Hündin deckschwierig ist, daß sie nicht stehen bleibt, daß sie aggressiv gegen Rüden ist (natürlich gibt es auch Rüden-Besitzer, die nicht immer die ganze Wahrheit erzählen). Noch immer gibt es Züchter, die es nicht für nötig halten, ihre Hündin vor dem Gang zum Rüden tierärztlich untersuchen zu lassen (Streptokokken-Infektion!). Manche Züchter rufen morgens an und wollen abends kommen, obwohl sie seit Wochen wissen, daß ihre Hündin läufig wird. Andere bringen ihre ganze Familie als Zuschauer mit, ohne Verständnis für die störenden Auswirkungen auf das Deckverhalten der Hündin und des Rüden. Wieder andere sind einfach unerfahren. Das ist an sich nicht schlimm. Es ist aber sehr die Frage, ob jemand zum Züchter taugt, der sich ekelt, die Scheide seiner Hündin mit den Fingern zu berühren, oder sich nicht vorher informiert, wie der Deckakt abläuft.

Wer aus seinem Berner Sennenhund einen Deckrüden machen will, muß sich des Risikos bewußt sein, dem er ihn aussetzt. Deckrüden leben gefährlich. Sie können gebissen werden, sie können sich Verletzungen, z. B. der Bänder, der Gelenke, der Wirbelsäule zuziehen, sie können sich beim Deckakt infizieren oder einen Kreislaufkollaps erleiden. Deckrüden werden strapaziert: körperlich und emotional. Noch Tage nach dem Besuch einer Hündin schnüffelt der Rüde sehnsuchtsvoll-verzweifelt ihren Spuren hinterher. Rüden leiden qualvoll, wenn es nicht zum Vollzug des Deckaktes kommt. Selbst wenn die Hündin erfolgreich gedeckt ist und Welpen bekommt, kann sich der Rüden-Besitzer nicht in jedem Fall freuen. Sind die Welpen zur Zufriedenheit des Züchters, na gut. Bei so einer prächtigen Hündin war das ja zu erwarten; da hat der Rüde einfach bestätigt, was ohnehin klar war. Anders aber, wenn der Nachwuchs nicht voll und ganz den Erwartungen entspricht. Dann wird vergessen, daß ein Hund zwei Eltern hat: Der Rüde war's. Ob Zeichnung, Größe, Hinterhand, ob Augenfarbe, Ohrenform, ob Rutenlänge, Haarstruktur, ob Zähne oder Hoden: der Rüde war's. Und wenn zwei Jahre später ein Hund aus diesem Wurf aus welchem Grund auch immer einen Menschen beißt: am Vater lag's; man hat's ja immer schon gewußt. Besitzer eines Zuchtrüden, das sei bedacht, brauchen ein dickes Fell.

Wer seinen Berner Rüden in die Zucht einbringen will, der

muß — was Kenntnis der Rasse, biologisches Wissen usw. betrifft — die gleichen hohen Anforderungen erfüllen wie der eigentliche Züchter. Er muß die gleichen ethischen Prinzipien befolgen und die gleiche Verantwortung für sein züchterisches Tun übernehmen wie jener. Er muß — will er sich und seinen Rüden nicht nur benutzen lassen — in gleicher Weise wie der Züchter ein Zuchtziel haben. Er muß alles tun, um diesem Ziel möglichst nahe zu kommen, und er darf nichts tun, was dem Erreichen dieses Zieles entgegensteht. Dazu gehört auch, daß man gegebenenfalls eine Hündin nicht deckt und eben auf ein paar Hundert Mark verzichtet. Die Verantwortung eines Deckrüden-Besitzers schließt auch ein, daß er — unabhängig vom Verein und notfalls auch ohne Mithilfe „seiner" Züchter — um eine Nachzuchtkontrolle sich bemüht, im Interesse der Zucht und im Interesse seines eigenen Gewissens.

Wer nach kritischer Prüfung seiner Motive unter Berücksichtigung all dieser Aspekte und nach sorgfältiger Abwägung von Mühe und Lohn (wiederum jeweils im weitesten, nichtmateriellen Sinne verstanden) seinen Berner Rüden zur Zucht hergeben möchte (in der Züchtersprache werden Deckrüden „benutzt", „verwendet", „eingesetzt"), auch dem sei Glück und Erfolg beschieden, und seinem Hund ein langes Leben.

Sieben Wochen alt ist dieser kleine Herzensbrecher.

Bei aller Verschiedenheit von Form und Zeichnung haben die Köpfe dieser beiden Rüden doch eines gemeinsam: die rassetypische Freundlichkeit des Ausdrucks.

Kapitel Neun

GESUNDHEIT

Ein sorgsam erzogener Berner Sennenhund läßt auch die Behandlung durch den Tierarzt vertrauensvoll über sich ergehen.

Wie beim Menschen, so wird auch beim Hund der Gesundheitszustand in hohem Maße durch die Umstände der Lebensführung bestimmt. Die meisten Krankheiten sind nicht genetisch bedingt, sondern sind sekundäre Erscheinungen: Folgen von fehlerhafter Haltung, ungenügender Hygiene, falscher Fütterung, Aufnahme von Schadstoffen, überhöhter körperlicher Belastung usw. Die beste Gesundheitsvorsorge ist daher allemal eine art- und sachgerechte Haltung, Pflege, Ernährung und Bewegung. Zu einer optimalen Vorsorge gehört auch die laufende Beobachtung des Hundes und die regelmäßige Kontrolle wesentlicher Körperbereiche. Das setzt voraus, daß man so vertraut ist mit dem Körper des Hundes und seinem gesunden Erscheinungsbild, daß man Störungen und Krankheitssymptome zu erkennen in der Lage ist. Hilfreich ist die Anschaffung eines Buches, das über die wichtigsten Krankheiten informiert und auch Anleitungen zur ersten Hilfe, etwa bei Verletzungen, enthält. Die Einrichtung einer sachgerecht bestückten Hausapotheke nach tierärztlicher Empfehlung ist selbstverständlich. Neben die routinemäßige Kontrolle durch den Hundebesitzer tritt die gründliche Vorsorgeuntersuchung (einschließlich Urin- und Blutanalyse) durch einen Tierarzt mindestens einmal im Jahr, bei älteren Bernern besser zweimal.

Der Tierarzt

Die Wahl des „richtigen" Tierarztes ist nicht einfach. Im Grunde gelten hier dieselben Grundsätze wie bei der Wahl des Arztes für den Menschen. In erster Linie von Bedeutung: Vertrauen in die fachliche Kompetenz; daneben aber auch: persönliche Sympathie. Soll der Hund gerne zum Arzt gehen, darf er beim Menschen keine Abneigung gegen den Doktor spüren. Gespräche mit anderen Hunde-Leuten sind sicher hilfreich, aber die Entscheidung muß letztlich aufgrund persönlichen Eindrucks fallen. Am besten besucht man einen Tierarzt in seiner Praxis und bespricht mit ihm, daß man seinen Berner Welpen von ihm betreuen lassen möchte. Wichtig ist, daß der Arzt sich für jedes Patienten-Team ausreichend Zeit nimmt. Mit einer Hoppla-hopp-Abfertigung sollte man sich nicht zufrieden geben.

Auch muß der Mensch immer das Gefühl haben, daß er versteht, was der Doktor mit dem Hund macht, und warum. Aufklärung des Kunden ist für einen guten Tierarzt selbstverständliche Pflicht. Eine nicht unerhebliche Frage ist, ob der Arzt im Notfall auch ins Haus kommt. Insofern spielt auch die Entfernung eine Rolle. Hat man sich einmal für einen Tierarzt entschieden und ist mit ihm zufrieden, dann sollte man auch bei ihm bleiben. Das ist für alle Beteiligten (besonders für den Hund) besser als ein ständiger Wechsel. Den Tierarzt wechselt man nicht ohne Not. Wenn man bei einem schwierigen Krankheitsbild oder bei langfristig unbefriedigendem Heilungsverlauf einmal das Gefühl hat, die Meinung eines weiteren Arztes einholen zu sollen, dann bespricht man das offen mit seinem „Haus"-Tierarzt. Andererseits wird dieser auch nicht zögern, einen Patienten an einen Kollegen zu verweisen, wenn der für bestimmte Bereiche kompetenter oder besser ausgerüstet ist. Auch bei Tierärzten gibt es seit einiger Zeit die Entwicklung hin zum Facharzt. Und bei der Diagnose und Behandlung, insbesondere der operativen Therapie bestimmter Krankheiten beim Berner Sennenhund ist die Kompetenz eines erfahrenen Spezialisten gewiß von Vorteil.

Ein Besuch beim Tierarzt verläuft in der Regel ganz unproblematisch, wenn man das für diese Situation erforderliche Verhalten schon im Welpenalter einübt. Bevor man sich mit dem Berner auf den Weg zur Praxis macht, kämmt und bürstet man ihn, und läßt ihn noch an geeigneter Stelle laufen, damit er sich gründlich entleeren kann. Benötigt man eine Urinprobe, dann läßt man Bäri an der kurzen Leine pinkeln und hält ein geeignetes Gefäß unter. Im Wartezimmer hält man den Hund eng bei sich, streichelt ihn beruhigend, läßt ihn nicht an anderen Patienten schnuppern oder gar mit ihnen spielen. Während viele Hunde ängstlich zittern oder aggressiv knurren, sollte ein Berner Sennenhund seinem Ruf als unbeeindruckbarer Bär gerecht werden. Der erste Gang im Behandlungsbereich führt den Berner auf die Waage. Regelmäßige Gewichtskontrolle ist unerläßlicher Bestandteil einer effizienten Gesundheitsvorsorge. Danach wird der Hund vom Arzt und seiner Assistentin begrüßt. Aufgrund ihrer freundlichen, geduldigen Wesensart sind Berner Sennenhunde in der Regel beliebte Patienten. Um die Gefahr von Verletzungen zu minimieren, läßt man den Hund niemals auf den Behandlungstisch springen, sondern hebt ihn (zu zweit) hoch. Während der ganzen Dauer der Behandlung hält man Handkontakt mit seinem Hund und spricht freundlich-ruhig (nicht bemitleidend) mit ihm. Nach Beendigung der Prozedur hebt man ihn wieder herunter, lobt ihn und gibt ihm zum Abschluß ein Leckerle.

Schutzimpfungen

Regelmäßige Schutzimpfungen gegen die schweren Infektionskrankheiten beim Hund sind für den seriösen Züchter wie für den verantwortungsbewußten Hundebesitzer eine Selbstverständlichkeit.

Jeder Berner Sennenhund-Welpe, der aus einer anerkannten Zuchtstätte stammt, wird im Alter von acht Wochen, d.h. auf jeden Fall bevor er den Züchter verläßt, gegen Staupe, Hepatitis, Leptospirose und Parvovirose (S, H, L, P) geimpft. Die Grundimmunisierung ist aber erst vollständig und wirksam, wenn sie nach vier Wochen (d.h. 12. Lebenswoche), im Falle von Parvovirose nach acht Wochen (d.h. 16. Lebenswoche) wiederholt wird. Diese Wiederholungsimpfungen fallen, ebenso wie die Erstimpfung gegen Tollwut (T) bereits in die Verantwortung des Käufers. Um den Impfschutz aufrechtzuerhalten sind regelmäßige Wiederholungsimpfungen im Abstand von einem Jahr (L, P, T) bzw. von zwei Jahren (S, H) zwingend erforderlich. Bei Reisen ins Ausland oder beim Besuch von Ausstellungen wird in der Regel verlangt, daß die Tollwutimpfung mindestens vier Wochen zurückliegt. Sollte der Hund einmal in einer Tierpension untergebracht werden müssen, ist die vorherige Impfung gegen Zwingerhusten ratsam.

Entwurmung

Es gibt praktisch keinen Welpen, der nicht von Spul-, Haken- oder Peitschenwürmern befallen ist. Nach den Zuchtstatuten der Klubs dürfen nur mehrfach entwurmte Welpen abgegeben werden. Die Wurmkuren sollten während des ersten Lebensjahres in Abständen von etwa drei Monaten wiederholt werden. Erwachsene Hunde unterzieht man einer Wurmkur (die ja den Organismus auch belastet) nur bei begründetem Verdacht (Ausnahme: trächtige Hündinnen). Vorsorglich läßt man jedoch regelmäßig eine Kotprobe analysieren. Das gilt auch im Hinblick auf die verschiedenen Arten von Bandwürmern, von denen insbesondere der auch für den Menschen sehr gefährliche Fuchsbandwurm in letzter Zeit verstärkt in das Blickfeld geraten ist.

Hautparasiten

Hautparasiten (z.B. Flöhe, Läuse, Milben, Zecken) sind für den Hund nicht nur lästig durch die von ihnen verursachten Irritationen (Juckreiz); sie stellen ein ernstes Gesundheitsrisiko dar (Übertragung von Viren, Infektionsgefahr durch Kratzen, Entwicklung von Dermatosen). Der Befall mit Parasiten ist normalerweise keine Folge mangelnder Hygiene, sondern resultiert z.B. aus der Begegnung mit Hunden (Ausstellungen) oder anderen Tieren. Angesichts der Größe des Berner Sennenhundes und der Dichte und Länge seines Haarkleides stellt die Entdeckung und Bekämpfung von Hautparasiten ein besonderes Problem dar. Insektizide Sprays und Puder — wegen ihrer toxischen Beschaffenheit ohnehin gesundheitlich bedenklich — wirken hier nur unzureichend. Das gilt auch für Floh- oder Zecken-Halsbänder. Bei massivem Parasitenbefall läßt sich ein Bad mit einem insektizidhaltigen Shampoo leider nicht vermeiden.

Das Vorhandensein des Flohs (der ja auch Zwischenwirt des Hundebandwurms ist) erkennt man an kleinen Erhebungen, Rötungen und Krusten auf der Haut sowie am schwarzen, krümelförmigen Flohkot. Flöhe befallen nicht nur den Hund, sondern auch sein Lager. Lebt der Hund im Haus, benutzt er zudem noch wechselnde Schlaf- und Liegeplätze, dann ist schon ein erheblicher desinfektorischer Aufwand erforderlich.

Ein ernsthaftes Problem sind Zecken. Sie können z.B. die für den Hund wie auch für den Menschen höchst gefährliche Zekken-Enzephalitis übertragen, oder die hierzulande erst vor kurzem bekanntgewordene Lyme-Borreliose mit ihrem so komplexen und schwerwiegenden Krankheitsbild (Herz, Nerven, Augen, Gelenke). Im dichten Fell des Berners entziehen sich die Zecken schnell den Blicken des Menschen. Sie setzen sich mit Vorliebe am Kopf (Ohr, Schnauze, Augenbraue), am Hals, an der Brust, in den Achselhöhlen und an der Innenseite der Schenkel fest. Auf keinen Fall darf man versuchen, die Zecke abzureißen, weil dabei meistens ihr Kopf in der Haut steckenbleibt (Entzündungen). Noch gefährlicher ist es, den Zeckenkörper mit Öl, Klebstoff, Nagellack o.ä. zu beträufeln, in der Annahme, die Zecke würde gewissermaßen vor Schreck oder aus Atemnot ihren mit Widerhaken besetzten Saugrüssel lösen. Als Reaktion auf dieses Vorgehen gelangen nämlich die Giftstoffe der Zecke vermehrt in den Körper des Hundes. Am besten dreht man die Schmarotzer mit einer speziellen Zeckenpinzette (vorzugsweise Metallausführung) heraus.

Spezielle Gesundheitsprobleme

Praktisch jeder Hund, gleich welcher Rasse, erfährt irgendwann einmal eine mehr oder weniger schwere Beeinträchtigung seiner Gesundheit, und sei es nur eine kurze Störung seines Wohlbefindens. Das gilt auch für den Berner Sennenhund. Auch ein Berner bekommt mal Durchfall, Verstopfung oder Fieber. Auch er muß sich mal erbrechen, bekommt einen Vorhautkatarrh, eine Analdrüsenverstopfung, oder verrenkt sich den Fuß. Solcherlei gehört ganz einfach zum Leben und braucht hier nicht weiter erörtert zu werden. Es gibt auch schwererwiegende Krankheiten, die einen Berner Sennenhund wie jeden anderen Hund befallen können. Erkrankungen etwa des Herzens, der Lunge, der Haut kann jeder bekommen. Auch hierüber braucht an dieser Stelle nichts weiter gesagt zu werden.

Daneben aber gibt es auch Gesundheitsprobleme, von denen Berner Sennenhunde öfter betroffen sind als andere Rassen. Über die wichtigsten dieser Probleme muß jeder angemessen informiert sein, der vorhat, einen Berner Sennenhund zu sich zu nehmen. Schließlich kann auch das Wissen um ein bestimmtes, wenn auch vorher nicht kalkulierbares Risiko eine Entscheidungshilfe sein, wenn es darum geht, ob man einen Berner will oder nicht. Denn über eines muß man sich allemal im klaren sein: Es gibt Krankheiten, die machen einem Berner Sennenhund das Leben zur Qual, die sind für seine Menschen eine entsprechend große psychische und emotionale Belastung und die bringen auch eine erhebliche finanzielle Bürde mit sich. Von einigen dieser Krankheiten werden Berner Sennenhunde ebenso betroffen wie andere große, schwere, schnellwachsende Rassen. Dazu gehören zum Beispiel die Magendrehung und bestimmte Erkrankungen des Bewegungsapparates (z.B. Hüftgelenksdysplasie, Ellbogendysplasie, Kreuzbandriß). Bei anderen Erkrankungen besteht hingegen keine Abhängigkeit von der Rassengröße. Hier sind besonders Entropium und Ektropium zu nennen. Alle diese Erkrankungen haben gemeinsam, daß ihnen eine mehr oder weniger deutliche erbliche Disposition zugrunde liegt.

Hüftgelenksdysplasie (HD)

Bei der HD handelt es sich um eine Veränderung der Knochen des Hüftgelenks. Beim normalen Gelenk sitzt der kugelförmige Oberschenkelkopf sozusagen paßgenau in der Wölbung der Hüftgelenkspfanne. Sind die Gelenkflächen infolge einer Entwicklungsstörung verändert (z.B. abgeflacht), dann passen sie nicht mehr exakt zueinander, das Gelenk wird instabil. Die Deformation führt zu einer in der Regel schmerzhaften Beeinträchtigung der Funktionsfähigkeit des Gelenks. Fast immer kommt es im Laufe der Zeit zur Bildung einer Arthrose.

Da nur wenige der mit HD behafteten Hunde äußerliche Symptome (z.B. Lahmheit) zeigen (gute Bemuskelung kann hier zum Teil kompensierend wirken), läßt sich die Krankheit entgegen weitverbreiteter Annahme nicht von außen diagnostizieren. Eine sichere Diagnose läßt sich nur anhand eines unter Narkose angefertigten Röntgenbildes erstellen, wobei der Hund mindestens ein Jahr alt sein soll. Das von ungeduldigen Züchtern praktizierte „Vor-Röntgen" in jüngerem Alter ist weder sinnvoll noch tut es dem Hund gut. Die HD ist nicht heilbar. Je nach Schwere des Zustandes reicht die Therapie von medikamentösen bis zu operativen Verfahren (u.U. Einsetzen eines künstlichen Hüftgelenks). Im Extremfall muß auch die Euthanasie in Betracht gezogen werden.

Die HD gehört zu den erblich veranlagten Krankheiten. Zu ihrer Bekämpfung haben die Berner Rasse-Clubs für alle Zuchthunde eine obligatorische Röntgenuntersuchung (Mindestalter: ein Jahr) eingeführt. Die Auswertung der Aufnahmen erfolgt zentral nach einheitlichen Kriterien. In der Schweiz gilt dabei die international gebräuchliche Klassifikation: A (kein Hinweis für HD), B (Übergangsform/Grenzfall), C (leichte HD), D (mittlere HD), E (schwere HD). Die Bewertungsgrade entsprechen inhaltlich den in Deutschland und Österreich zur Zeit noch verwendeten Kategorien F (Frei), V (Verdacht), L (Leicht), M (Mittel), S (Schwer). Nur Hunde mit den HD-Graden F, V oder L (bzw. A, B, C) werden zur Körung zugelassen. Ein Hund, der HD-L (Schweiz: B, C) aufweist, darf nur mit einem der Kategorie F oder V (Schweiz: A) gepaart werden. Auf Ahnentafeln schweizerischer Berner Sennenhunde findet man bei älteren Hunden noch die früher dort üblichen Kategorien 0 und I.

Die Einführung der Röntgenpflicht hat beim Berner Sennenhund zu einer signifikanten Reduzierung der HD geführt. Bei der Bewertung statistischer Aussagen muß allerdings berücksichtigt werden, daß der Anteil der Hunde, deren Röntgenbilder ausgewertet werden, kaum über 20 % der Gesamtpopulation liegt. Der Unsicherheitsfaktor ist also sehr hoch. Es muß z. B. angenommen werden, daß viele Röntgenaufnahmen, auf denen bereits der Tierarzt einen gravierenden Befund feststellt, gar nicht erst zur zentralen Auswertung eingereicht werden. In der Schweiz wird das statistisch günstige Bild auch noch durch den Faktor „Welpenselektion" verfälscht. Trotzdem wäre es töricht, die Wirksamkeit der Röntgenpflicht nicht anzuerkennen. Es sollten vielmehr alle Anstrengungen unternommen werden, damit möglichst viele Besitzer ihren Berner Sennenhund (auch ohne Vorliegen eines konkreten Verdachts) röntgen lassen und — auch bei schlechtem Befund — das Ergebnis dem jeweiligen Rasse-Club verfügbar machen. Nur bei entsprechend umfangreichem Datenmaterial können zuverlässige Aussagen und Maßnahmen im Sinne einer Zuchtsteuerung getroffen werden.

Wer seinen Berner röntgen lassen will, sollte das von einem Tierarzt vornehmen lassen, der Erfahrung im Röntgen großer Hunde hat und der auch über eine gute röntgentechnische Ausstattung verfügt. Es kommt immer wieder vor, daß Aufnahmen wegen unzureichender technischer Qualität oder aufgrund anderer Faktoren (z. B. Lagerung des Hundes, Sedationstiefe) ein verfälschtes Bild ergeben oder gar nicht ausgewertet werden können.

Die HD-Problematik ist insgesamt komplexer als sie bisweilen gesehen wird. Häufig wird der Aspekt der genetischen Bedingtheit zu verkürzt gesehen. Dabei wird verkannt, daß auch HD-Freiheit beider Eltern noch keine Garantie dafür ist, daß alle Nachkommen in gleicher Weise unbelastet sind. Übersehen wird ferner, daß auch nicht-genetische Faktoren, wie etwa falsche Ernährung (Überdosierung von Eiweiß, Vitaminen und Mineralstoffen) und überhöhte Belastung des Bewegungsapparates (Übergewicht, übermäßige Bewegung, Springen, Treppensteigen) die Entstehung von Gelenkschäden verursachen bzw. ihre Entwicklung begünstigen können.

Ellbogendysplasie (ED)

Der Begriff Ellbogendysplasie (ED) hat sich in letzter Zeit eingebürgert zur Bezeichnung eines Komplexes von Erkrankungen (Osteochondrosen) des Ellbogengelenkes. Auf eine differenzierte Darstellung der diversen Erscheinungsformen wird hier aus Gründen der Vereinfachung verzichtet. Es möge der Hinweis genügen, daß in diesem Zusammenhang auch die Kürzel OCD, UAP und FCP verwendet werden. Es handelt sich dabei immer um Veränderungen der Knochen- und Knorpelstruktur des Gelenks infolge von Wachstumsstörungen und daraus resultierender überhöhter Belastung einzelner Stellen. In vielen Fällen kommt es gar zur Ablösung von Knorpel-/Knochenteilchen, die dann frei in der Gelenkflüssigkeit schwimmen.

Langfristig entsteht als Folge solcher Veränderungen fast immer eine Arthrose. Ursache der Erkrankung ist zunächst einmal eine bei großen, schnellwachsenden Hunderassen generell zu beobachtende Disposition zu Störungen der Skelettentwicklung; hinzu kommen zwei auslösende Faktoren während der Wachstumsphase: einerseits eine zu energie- und proteinreiche Fütterung (unausgewogene Versorgung mit Vitaminen und Mineralstoffen, insbesondere Kalzium, Phosphor, Vitamin D) und andererseits eine Überbelastung der Knochen und Gelenke durch Übergewicht und/oder übermäßige Bewegung. Die beschriebenen Veränderungen im Gelenk führen bereits im Entstehen regelmäßig zu schmerzhaften Irritationen mit der Folge, daß der Hund lahmt. Da dieses Symptom während der wichtigen Wachstumsphase etwa zwischen dem vierten und achten Lebensmonat auftritt, spricht man auch von der „Wachstumslahmheit". In leichteren Fällen kann die Lahmheit vorübergehend wieder verschwinden, kommt aber meistens beim älteren Hund als chronischer Zustand wieder zum Vorschein. Freilich ist nicht jedes Lahmen während der Wachstumsphase eine Folge ernsthafter Gelenkprobleme. Eine sichere Diagnose ist nur mittels röntgenologischer Untersuchung möglich. Wenn sich dabei tatsächlich bestätigt, daß Knorpelabsplitterungen vorhanden sind, müssen diese operativ entfernt werden, um dem Hund ein möglichst schmerzfreies Leben zu ermöglichen.

Forschungsberichte aus verschiedenen Ländern zeigen, daß das Problem der Ellbogenerkrankungen (aber auch gleichartiger Störungen im Schultergelenk) beim Berner Sennenhund weitverbreitet ist. Dabei sind Rüden deutlich häufiger betroffen als Hündinnen. Da die Untersuchungsergebnisse gleichzeitig vermuten lassen, daß eine erbliche Komponente besteht, haben die Zuchtvereine begonnen, auch diesem Problem erhöhte Aufmerksamkeit zu widmen. Verantwortungsbewußte Züchter hierzulande lassen schon freiwillig bei ihren Hunden zugleich mit den Hüftgelenken auch die Ellbogen röntgen und legen die Aufnahmen den zentralen Auswertungsstellen vor. Der schweizerische KBS hat das ED-Röntgen von Zuchthunden bereits obligatorisch gemacht und läßt nur noch Hunde mit den ED-Graden O oder I zur Körung zu. Damit wurde der KBS — wie bereits bei der Einführung der HD-Röntgenpflicht — seiner Verantwortung und Vorbildrolle als „Ursprungs-Club" gerecht.

Kreuzbandriß

Der Riß eines oder beider Kreuzbänder (Ligamenta cruciata) im Kniegelenk kommt bei Berner Sennenhunden relativ häufig vor. Symptomatisch ist plötzliches Lahmen, das dann schwächer wird, aber nicht völlig verschwindet. Häufiger als der Riß eines gesunden Kreuzbandes nach traumatischer Einwirkung ist der sogenannte sekundäre Kreuzbandriß: als Folge degenerativer, etwa arthrotischer, Veränderungen des Kniegelenks kommt es zu einer allmählichen Schädigung des Kreuzbandes, das dann schon bei geringer Belastung teilweise oder ganz reißen kann. Ein Zusammenhang mit der rassespezifischen Disposition zu Gelenkproblemen einerseits und einem recht hohen (häufig zu hohen) Körpergewicht andererseits darf vermutet werden. Ein gerissenes Band muß chirurgisch behandelt werden, wobei eine vollständige Wiederherstellung der Funktionsfähigkeit des Kniegelenkes allerdings nicht gewährleistet werden kann.

Magendrehung

Beim Berner Sennenhund kann es — wie bei Hunden anderer großer Rassen mit tief ausgebildeter Brust — zur Magendrehung (Torsio ventriculi) kommen. Rüden sind häufiger betroffen als Hündinnen. Durch Drehung des Magens um die Längsachse kommt es zu einem Verschluß von Speiseröhre und Zwölffingerdarm. Deutliche Symptome sind: rasches Aufblähen des Bauches, Würgen ohne Erbrechen, Kreislaufschwäche bzw. -kollaps und Atemnot. Der akut lebensgefährliche Zustand verlangt in den allermeisten Fällen eine sofortige Operation. Über die Ursachen der Magendrehung besteht keine eindeutige Klarheit; möglicherweise ist eine Gewebeschwäche daran beteiligt. Magendrehungen ereignen sich oft bei überhöhter Bewegungsaktivität (Springen, Wälzen, Spielen) nach Mahlzeiten.

Entropium/Ektropium

Beim Entropium — auch Rollauge genannt — ist der Rand des unteren Augenlids mehr oder weniger deutlich nach innen gerollt. Bei jeder Bewegung des Lids verursachen die Wimpern eine schmerzhafte Reizung. Es kommt zu verstärktem Tränenfluß und — schlimmer — zu chronischer Entzündung der Bindehaut und der Hornhaut, mit der Gefahr der Erblindung. In der Regel bringt nur die operative Korrektur des Lids eine Besserung.

Beim Ektropium — auch offenes Auge oder Hängeauge genannt — ist der Rand des unteren Lids taschenartig nach außen gestülpt. Durch den ungehinderten Zugang von Luft, Keimen,

Staub kommt es in der Regel auch hier zu einer chronischen Bindehautentzündung. In schweren Fällen ist eine operative Korrektur angezeigt.

Da diese Anomalien der Lidstellung in der Regel genetisch bedingt sind, schließen die Rasse-Clubs Berner Sennenhunde, die damit behaftet sind, von der Zucht aus.

Nieren

Nierenerkrankungen sind zwar bei Hunden insgesamt recht weit verbreitet. Berner Sennenhunde scheinen jedoch besonders disponiert dafür zu sein; sie sind deutlich häufiger betroffen als andere Rassen. Besonders hohen Anteil bei den Erkrankungen der Niere hat die Glomerulonephritis, bei der es wegen Schädigung der Nierenkörperchen (Glomerula) zum Verlust von Eiweiß und in der Folge zu chronischem Nierenversagen kommt. In vielen Fällen wird die Krankheit erst im fortgeschrittenen Stadium entdeckt, kann dann nicht mehr erfolgreich therapiert werden und führt zum Tode.

Krebs

Jüngste Untersuchungen, die von den Berner Sennenhund-Clubs in Großbritannien und den USA veranlaßt wurden, bestätigen, was hierzulande nur die Spatzen von den Dächern pfeifen: Immer mehr Berner Sennenhunde sterben in immer jüngerem Alter, und immer häufiger ist Krebs die Todesursache. Eine britische Studie etwa zeigt, daß die durchschnittliche Lebenserwartung der Rasse sieben (!) Jahre beträgt und daß bei einem Drittel aller untersuchten Todesfälle Krebs die Ursache war. Diese Zahlen werden von Berichten aus den USA ebenso bestätigt, wie Aussagen über die beteiligten Krebsarten. Danach werden Erkrankungen verschiedener innerer Organe (Niere, Leber, Lunge) sowie Knochenkrebs und Hautkrebs beobachtet. Die weitaus größte Häufigkeit aber haben Krebserkrankungen des Lymphsystems (Lymphosarkom) und des Immunsytems (Histiozytose). Während alle übrigen Krebsarten auch bei anderen Rassen gefunden werden, scheint die Histiozytose fast ausschließlich bei Berner Sennenhunden vorzukommen. Auch wenn man die Mitbeteiligung von Umweltfaktoren (z.B. Ernährung, Luftverschmutzung) bei der Entstehung von Krebs als wahrscheinlich ansieht, so muß doch aufgrund der vorliegenden Untersuchungen auch ein genetischer Zusammenhang angenommen werden. Auch hier gilt, daß nur bei Vorliegen quantitativ und qualitativ ausreichenden Datenmaterials zuverlässige Aussagen über die Erkrankungen gemacht und — in der Folge — Möglichkeiten zu ihrer Bekämpfung entwickelt werden können. Es wäre deshalb wünschenswert, wenn möglichst viele Besitzer auch Informationen über die Ursache des Todes ihres geliebten Berner Sennenhundes den Zuchtvereinen zur Verfügung stellen würden. Genauso wünschenswert wäre es freilich, wenn Vereinsfunktionäre Informationen dieser Art nicht als Insiderwissen behandeln, sondern — wie in manchen Ländern üblich — allen interessierten Züchtern und Freunden der Rasse zugänglich machen würden, durch entsprechende Publikationen und — wie etwa in den USA - in Form einer offenen Datenbank.

Die meisten Menschen haben mit ihrem Berner Sennenhund ein Leben lang nur Freude.

Zehn Jahre alt, gesund, vital — für Hund und Mensch das Ideal.

Es darf aber auch nicht verkannt werden, daß die Rasse mit gesundheitlichen Problemen belastet ist, die für die betroffenen Hunde Schmerz und frühen Tod, für ihre Menschen Leid (und finanzielle Bürde) bedeuten können. Es ist Aufgabe jedes einzelnen Züchters, für sich und auf seine Zucht bezogen, diese gesundheitlichen Probleme zu erkennen, anzuerkennen und zu bekennen. Es ist Aufgabe der Zuchtvereine, die Summe der dann erfahrenen Einzelprobleme gesamthaft zu sehen und zu bekämpfen. Alle miteinander, die individuellen Züchter und die Clubs, haben die Pflicht, alles zu tun, um möglichst vielen Hunden ein gesundes und langes Leben zu bescheren und auf diese Weise den Menschen Freude zu vermitteln am und mit dem wunderbarsten Hund der Welt: dem Berner Sennenhund.

Literaturhinweise

Margret Bärtschi, Hansjoachim Spengler, Hunde sehen — züchten — erleben: das Buch vom Berner Sennenhund. Bern; Stuttgart: Verlag Paul Haupt, 1992

Dieter Fleig, Die Technik der Hundezucht. 2., erw. Auflage, Mürlenbach: Kynos Verlag, 1992

Heinz Gail, 1 x 1 der Hundeerziehung. 2. Auflage, Mürlenbach: Kynos Verlag, 1992

Ruth Hobday, Agility — macht Spass! 2 Bde., Mürlenbach: Kynos Verlag, 1993

Eberhard Trumler, Der schwierige Hund. 2. Auflage, Mürlenbach: Kynos Verlag, 1986

Roger Mugford, Hunde auf der Couch. Mürlenbach: Kynos Verlag, 1991

Roger Mugford, Hundeerziehung 2000. Mürlenbach: Kynos Verlag, 1993

Hans Räber, Die Schweizer Hunderassen. 2. Auflage, Rüschlikon-Zürich: Albert Müller Verlag, 1980

Friedrich und Jutta Wienzeck, Hunde im Paragraphendschungel. Mürlenbach: Kynos Verlag, 1991

Adressen

Welpenvermittlungsstellen der Zuchtvereine im deutschsprachigen Raum:

Deutscher Club für Berner Sennenhunde e. V., Heusenstammer Str. 15, 63150 Heusenstamm, Tel. 06106-14203

Schweizer Sennenhund-Verein für Deutschland e. V., Döllersweger Hof 26, 42929 Wermelskirchen, Tel. 02196-13 86

Schweizerischer Klub für Berner Sennenhunde, Waldistrasse 17, CH-8134 Adliswil, Tel. 01-710 82 19

Verein für Schweizer Sennenhunde in Österreich, Rehgraben 1, A-2103 Langenzersdorf, Tel. 02244-20 57

Kynologische Dachverbände:

Verband für das Deutsche Hundewesen e. V., Westfalendamm 174, 44141 Dortmund, Tel. 0231-56 50 00, Fax 0231-59 24 40

Schweizerische Kynologische Gesellschaft, Längass-Str. 8, Postfach 8217, CH-3001 Bern, Tel. 031-3015819, Fax 031-3020215

Österreichischer Kynologenverband, Johann-Teufel-Gasse 8, A-1238 Wien, Tel. 0222-88 70 92/ 88 22 31, Fax 0222-88 92 621

Fédération Cynologique Internationale, 14, rue Léopold II, B-6530 Thuin, Tel. 071-59 12 38, Fax 071-59 22 29

HUNDE ERZIEHEN ... LEICHT GEMACHT

Ruth Hobday
AGILITY ... MACHT SPASS!
Das Standardwerk aus dem Mutterland dieses immer mehr Hundefreunde begeisternden Geschicklichkeitssports, geschrieben von der wohl erfahrensten AGILITY-Trainerin Englands. Es gibt nichts besseres.

Band I Ein Führer Schritt für Schritt – für Anfänger wie Fortgeschrittene!
Alles Wissenswerte über die Grundlagen der AGILITY. Ein unverzichtbarer Ratgeber für jeden AGILITY-Sportler. *Der Schlüssel zum Erfolg.*
144 Seiten, 190 Fotos und Zeichnungen, DM 32,–

Band II Kontrolle und Vorführtechnik für Wettbewerber auf allen Leistungsstufen
Schwierigere Aufgaben, konkrete Anleitungen zu intensivem Training und erfolgreichem Wettkampf. Eine Fundgrube für Übungsanleitungen, die den Hund sicherer machen.
216 Seiten, 200 Fotos und Zeichnungen, DM 39,80

Richard A. Wolters
NEUE WEGE DER JAGDHUNDEAUSBILDUNG
Die Wolter'sche Hundeausbildung beruht auf den neuesten Erkenntnissen führender amerikanischer Verhaltensforscher. Für Retriever-Freunde wurde dieses Buch weltweit zur »Ausbildungs-Bibel«. Ein sorgfältig ausgearbeitetes Erziehungssystem – Schritt für Schritt – führt den Welpen ab einem Alter von 7 Wochen durch alle jagdlichen Aufgaben. Die Grunderziehung ist mit 9 Monaten abgeschlossen, der Hund jagdlich einsatzfähig! **Auch für Liebhaberhunde eine sehr empfehlenswerte Erziehungsmethode.**
212 Seiten, 270 Fotos und Zeichnungen, DM 46,–

Konrad Most/Franz Mueller-Darß
ABRICHTEN UND FÜHREN DES JAGDHUNDES
2., völlig neu bearbeitete Auflage
(**Heinrich Uhde, Bernd Krewer**)
eines Klassikers der Jagdhundeausbildung.
»Hohes jagdliches Können und Erfahrung zusammen mit ebensolchem Wissen und Können um die Ausbildung von Hunden. Eine Bereicherung der Palette der vorhandenen jagdkynologischen Ausbildungsliteratur. Das Buch wird hoffentlich vielen Unerfahrenen den Einstieg erleichtern und denen helfen können, die das, was sie 30 Jahre lang falsch machten, für Erfahrung hielten.« (**Christoph Frucht,** Präsident des Jagdgebrauchshundeverbandes)
264 Seiten, 35 Fotos, DM 39,80

HUNDE ERZIEHEN ... LEICHT GEMACHT

Dr. Roger Mugford
HUNDEERZIEHUNG 2000
Irrtumsfreies Lernen

Das neueste Buch des bekanntesten Hundefachmannes und Verhaltensforschers. Es erhebt den Anspruch, wissenschaftlich fundiert und für jeden Hundebesitzer verständlich, Wege der Hundeerziehung aufzuzeigen, die auch im Jahr 2000 noch Gültigkeit besitzen werden. Es weist nicht nur den Weg zu einer liebevollen, artgerechten Hundeerziehung, es befaßt sich auch eingehend mit Problemfällen und ihrer humanen Lösung. **Wer dieses Buch nicht gelesen hat, wird in den kommenden Jahren schwerlich in Fragen der Hundeerziehung mitreden können.**
208 Seiten, 76 Farbfotos, reizvoll illustriert, DM 49,80

Konrad Most
DIE ABRICHTUNG DES HUNDES
Klassische Erziehungsmethode

16., von **Fritz Rasch** völlig neu bearbeitete Auflage.
Das auflagenstärkste deutschsprachige Erziehungswerk für Gebrauchshunde vom »Schöpfer des Diensthundewesens«. Nach der Abrichtungsmethode Most's lernt jeder Hund schneller, da sie das hundliche Verhaltensinventar voll nutzt. Trotz des mit dieser Methode verbundenen Zwangs bleibt die Arbeitsfreudigkeit weitgehend erhalten, werden zuverlässige Leistungen erzielt. Die Most'sche Abrichtungslehre ist Grundlage der heutigen Ausbildung von Gebrauchshunden.
232 Seiten, 85 Abbildungen, DM 39,80

John Rogerson
HUNDEERZIEHUNG ... TIERISCH GUT

Für eine erfolgreiche Hundeerziehung gibt es zwei Wege – Unterdrückung unerwünschter Handlungen oder Verstärkung richtigen Tuns durch Lob. Das Aktivieren erwünschter Handlungen, wie es John Rogerson geradezu meisterhaft in diesem Buch dokumentiert, führt zur **Hundeerziehung tierisch gut!** Schritt für Schritt leitet der Autor den Leser durch alle Einzelheiten, die er zur Erziehung seines Haushundes wissen muß. Besonders beeindruckend die Erläuterung, wie menschliche Stimme, Mimik und Hände den Hund lehren. 64 Seiten, humorvoll farbig illustriert. DM 24,80

Internationales Echo der Fachpresse zu BERNER SENNENHUND

„...ein wunderschönes, gut in der Hand liegendes Werk, das auch vom Inhalt her zu begeistern vermag.“ **Schweizer Hunde Magazin**

„...verblüfft den Leser durch die große Vielfalt und die Detailkenntnisse über den richtigen Umgang mit dieser Hunderasse...Ganz besonders hervorzuheben sind die Farbabbildungen hervorragender Qualität.“ **Unser Rassehund**

„...Ein wertvoller Komplett-Ratgeber, der zudem durch zahlreiche Fotos...ein schönes Buch geworden ist.“ **Heimtier Magazin**

„...Mit viel Liebe und Sachverstand verfaßte der Autor und Fotograf das Büchlein mit Wissenswertem rund um den Berner Sennenhund.“ **Partner Hund**

„...Die gleichermaßen kompetente wie liebevolle Rassenbeschreibung eines erfahrenen Sennenhund-Halters und -Züchters.“ **Das Tier**

„...für alle, die wissen wollen, ob der Berner für sie der richtige Hund ist...als „erste Hilfe“ für alle Welpenkäufer...für alle, die den Berner Sennenhund lieben.“
Hunde-Haltung, Zucht, Sport

„...ein wertvoller Ratgeber für alle, die sich mit dem Gedanken tragen, eine Partnerschaft mit einem Berner Sennenhund einzugehen.“ **Der Hund**

„...gibt der Autor Ratschläge...zum Leben mit einem Berner Sennenhund, wobei die eigene Erfahrung und die Liebe zu dieser Rasse aus jeder Zeile sprechen.“
Hunde Revue

„...erstklassige Ausstattung...ein optimales Preis-/Leistungsverhältnis.“
Hundewelt

„...zeichnet sich... durch besonders qualitatives Bildmaterial aus...ein angenehm zu lesendes Buch von für jedermann zumutbarem Umfang, in dem jedoch erstaunlich viel Wissenswertes über den Berner Sennenhund dargeboten wird.“
Unsere Hunde

„...Der Autor berichtet in liebevoller und verantwortungsbewußter Weise...Wunderschöne Farbfotos geben den Textbeiträgen den richtigen Namen.“
Lebendige Tierwelt

„...ein interessantes...schön illustriertes Buch.“ **Magazin der Tierfreunde**

„...eine Liebeserklärung an alle Berner Sennenhunde.“
Das große Haustiermagazin

„...Bernd Günter wählt einen liebevollen, situativ lebensnahen Stil, der Wissensvermittlung zum Vergnügen macht für den Kenner wie für den Anfänger.“
Badische Neueste Nachrichten